どう生きるか、
山田方谷の生き方と
『古本大學』に學ぶ

はじめに

どう生きるか

今、このことが問われているような気がしてならない。

社会は今、通信技術の飛躍的進歩で生活も仕事も大きく変わっている。人間の人間としてのもちまえである人間関係も、いじめや虐待など増え大きく変わっている。さらに、今の今、新しいウイルスの蔓延で世界中が混乱に陥っている。

だからこそ、今、どう生きるか、という自分をしっかり持ち、慌てず焦らず生きることが要ると思う。

それは、自分をコントロールできることであり、知識はじめ生き方を自ら学び切磋琢磨して自分にとっても相手にとっても社会にとっても善い生き方を模索実践評価し、今と未来を創ることだ、と思う。人というものは、経験のないことを、篤い誠意を以て、自分の経験知だけでなく広く学び想像することで拓くものだ、と私は思う。

それには、今こそ、混乱を生き抜いた生き方考え方の知恵の集積である偉人に学ぶことが有効だ。更には、その英俊雄傑の生き方考え方の「本」となったその人の「学び」を知り、そこに学ぶことが更に有効だと思う。

立命館アジア太平洋大学出口治明学長（元ライフネット生命社長）は、生物学や脳の書籍を読んでいて、人間の脳は進化していないという、シンプルな答えに気付いたそうだ。そこで、古典に大いに学び世界で初めてネット生命保険会社を創業し発展させたそうだ。

私も、教職員をしているとき、法規法令、特に学習指導要領に基づき教育内容の指導を進めているとき気づいたことがあった。それは、意欲や能力の育成のため、心理学や脳科学の所見をも採り入れ成果を上げようとしているときのそれらの科学的な成果と、二千年前の古典の教えが変わらないことだった。そこで、法規法令はいうまでもなく幅広く現代の心理学や脳科学、哲学だけでなく古典にも学び、同僚職員が実践評価を繰り返し、知識の習得や能力育成だけでなく、学習に向かう力や人間性育成に成果を上げたこともあった。

経験したことのない混迷の不確実な今こそ、自らのもちまえに照らし、歴史上の多くの人の生き方や知恵の書、古典を学ぶことが、今と未来を創ることになるのではなかろうか。

これまでの偉人の中に、混乱と困難の時代、成果を上げ続けた偉人がいる。

山田方谷だ。

方谷の「どう生きるか」という生き方考え方の「本」に学び、方谷が自分をつくり上げた古典、講義し人を育てた古典、特に『古本大學』に学び、自分に照らし、今、「どう生きるか」皆さんと考えていきたい。何か必ず得るものがあるはず。学び合いましょう。

なお、会話文以外で引用文の「」は原文或いはその読み下し文で、【】は私なりの稚拙なその口語訳としている部分もあることをお断りしておく。

目次

目　次

目　次

第一章　山田方谷とは

山田方谷の生い立ちを『山田方谷全集』をもとに、記していき、そのすばらしい父母や周りの人たちの環境の意味付けを稚拙ながら発達心理学の視点から私なりに考えていく。

一、よき家族に育てられ愛着形成

◆一歳、文化二年（一八〇五）

山田方谷は、備中松山藩領阿賀郡西方村《にしがた》（現岡山県高梁市中井町《なかい》西方）の貧しい農商家の長男に生まれた。父五郎吉重美は油をつくり行商するなど日夜家業に服し、深夜書を読むなどして大義に通じていた。お目見格の長百姓であった。母梶は同郡小阪部村の西谷氏より嫁いできた。

◆四歳、文化五年（一八〇八）の年譜に

「母氏撫愛《ぶあい》預《あずか》ル深ク、毎日字ヲ教フ。先生左手乳ヲ弄《ろう》シ、右手筆ヲ持シ、能ク書ス」

【母は方谷をいつくしみ愛し関わりを深めていた。そして字を教え、方谷は、左手に

母の乳をまさぐり母の愛情を確かめながら右手で字をよく書いた】

とある。

この記から、心理学でいう一生の人格形成の土台となる乳幼児期発達課題の愛着形成ができていたことがわかる。このことは大変重要なところだと考える。

愛着形成とは、発達心理学で、重要な乳幼児期の発達課題である。川崎医療大学元特任教授佐々木正美氏によれば、生まれてから数年間で身につく絶対なくてはならない課題だという。これは、ある県のある市の保育所の方々と長きにわたり追跡調査検証した結果だと言われた。お母さんあるいはそれと同等の人など身近な人にスキンシップなど大切にされている実感がもてる事が大事だという。形成されないなら何歳になっても求め荒れたり引きこもったりすることがあるという。脳科学者も同じ所見で、平成十七年文科省はこの愛着形成の重要性を報告書で指摘した。古典でも親が慈しみ育てる仁愛の重要性を説いている。[A] 心理学者によれば、三歳までにできなければ一生課題として残る、とのことだ。そこで、小学校段階

A　仁愛の重要性：『論語』学而篇《がくじ》。拙著「論語易経伝習録大学中庸に生き方を学ぶ」第二章二。

で大人の誰かにしっかり大事にされている実感がもてるようなことに取り組めば、学校に来られなかった子が来られるようになったこともあったし、荒れた子が落ち着いてきたなど変わることを実感している。青年期になっても、このような大事にされている実感が持てるような取り組みは有効だと言われる実践家の取り組みを聞いたこともある。気づいた周りはぜひこのように取り組むことを切に願う。

ある産婦人科の医師は、出産した全盲のお母さんに、「この子を抱っこして見つめてやってください」とスキンシップとたとえ見えなくても視線を送って絆づくりをすすめるそうだ。ある脳科学者は、「生まれたばかりの赤ちゃんは、母親に抱かれて母親の心臓の拍動を膚で感じる。このようなスキンシップが心を落ち着かせ、成長してからの情動活動や性格に影響する。スキンシップで母親への信頼が生まれ、「愛する」ということをおぼえていく。」と述べている。

また、最近の研究では、スキンシップによりオキシトシンというホルモンが分泌され、落ち着かせる働きがあることがわかった。これは、授乳している母親から多く抽出されるそうだが、人が包容や背中をゆっくり愛情もってさすってもらうだけでも分泌されるそうだ。これは、子供だけでなく高齢者認知症の改善にも役立っているようだ。

このように愛情あるつながりは人を落ち着かせ、生き生きさをもたらし、一生の人格形成の土台となるものだと考えられる。三つ子の魂百まで、の辞あるとおりだ。虐待などはもっての外だ。

お母さんは、そのうえに、生活身辺の自立を促しながら、字を教えていたようだ。この愛着形成無くして生活身辺の自立を促すこともなく、ただ親の見栄などによる命令、強制によって字を教え書かせることをしていたら、方谷のような素晴らしい人間にはなっていなかったと思う。

更に、お父さんが、極貧の生活の中でも仕事を終えた後、多分経学[B]の書だと思うがそれを読むなどして修養に努める姿を子供は視ていたと思う。そして修養の書を読み続けるくらいだから日々の生活の仕方はいうまでもなかったに違いない。スキンシップとともに親の生きる姿は、方谷に大きな感化を与えたと考える。

B　経学：四書（『論語』・『孟子』・『大學』・『中庸』）五経（『詩経』・『書経』・『易経』・『礼記』・『春秋』）の学。経とはたて糸のこと。つまり人生の経糸となるようなよりどころの意識考え方を説いた書。組織経営でいえば理念であり、そこから変化に応じた横糸の方略が生まれる。両方あって治まる。

二、身の周りのことができるようになる庇護のもとの「生活身辺の自立期」

お母さんお父さんは、愛情もって接し、手本を見せ、字も教え日常生活に必要な身の周りの自立も身に付けさせていたようだ。

方谷が十五歳（現在で言えば十四歳の中学二年生）で父が亡くなったとき、父は方谷に訓戒十二条を残し、生活リズムなどについて具体的に言い遺していることからわかる。幼い時からこの身の周りの自立について愛情もって育てられたのだろうと想像できる。

発達段階からいえば、しっかり愛着形成できたうえで、この生活身辺の自立を父母の手本の感化とともに教えられるとよく身に付くものだ。起床、着替え、食事等生活リズムや挨拶・言葉遣い等コミュニケーションの基本。そしてうそを言わない、人のいやがることをしない、分けて食べる等の人間関係力、社会性の基礎等々は日々無意識的に身についていくもので自立に不可欠なものだ。

つまり大人の温もりある受容風土の中で、きちんと秩序ある生活ができるように育まれる期で、方谷は、貧しい中でこのような恵まれた環境にあったようだ。我々は今、親として大人として、また、いずれ大人になり親になる者として学ぶことは多い。

よき師との出会い

◆五歳、文化六年（一八〇九）

「先生始《はじめ》テ新見藩儒丸川松隠《にいみはんじゅまるかわしょういん》ノ門ニ託《たく》セラル」

とある。

家を離れ新見藩儒丸川松隠に儒学を学び始めた。

この丸川松隠は、程朱学[C]を学び藩主より孝子として賞されたこともあった。また、幕府からも褒められ『孝義録』[D]に載るくらいの賢人孝子だった。松隠は、寛政二年（一七九〇）、朱子学以外の学派を禁じる寛政異学の禁が出されたとき、大阪の中井竹山《なかいちくざん》学主の庶民も武士も学べる自由な学風の懐徳堂《かいとくどう》塾へ向かった。ここで多くの師友に出会い学も進んだようだ。

C　程朱：中国宋時代の儒学者、程顥《ていこう》、程頤《ていい》、朱熹《しゅき》。

D　『孝義録』：江戸時代の幕府刊行の善行事例集。

佐藤一斎[E]と門下の双璧と言われたこともある。寛政六年（一七九四）新見藩関氏に仕え藩校思誠館督学教授となった。後、享和二年（一八〇二）藩政参与を拝命し藩政改革を進めていった。

方谷が入門したのは一八〇九年、松隠が五十二歳藩政参与の時だった。だから、実際に教え育てたのは、当時十八歳の松隠長子茂弘だった。松隠と茂弘は、深い愛情をもってまだ幼い方谷に接したようだ。

方谷はこの頃のことを後年師を祭る文に記している。

「髫齓《ちょうしん》[F]門ニ入リ、蠢爾《しゅんじ》[G]戯《たわむれ》嬉嬉トシテ、之ヲ撫《いつく》シミ之ヲ育ム。父母ノ慈《いつく》シミヲ踰《こ》ユ。」

【垂れ髪をして歯のぬけかわらぬころ塾に入門した。まだ無知で道理もわきまえないで嬉々として戯れ遊ぶ子を、いつくしみ育てていただいた。これは、父母の慈しみを踰えていた】

E　佐藤一斎：方谷が三十歳で江戸遊学したときの塾主で、後年江戸幕府昌平黌《こう》教授になった人。

F　髫齓：垂れ髪をして、歯のぬけかわるころ。七、八歳の子供。

G　蠢爾：小虫のうごめくころ。転じて、無知な者のさわぐさま。

このように家を離れて入門したが、時には家族以上に愛され育てられたことが窺える。五歳で家を離れたのだ。まだまだ家族の温もりが欲しい時期である。そこに、兄のようなこの茂弘の存在は幼い方谷にとって大きな存在だったにちがいない。経学を学ぶだけでなく、様々なところへ連れていってもらったりして本当の家族のような庇護の中で教え育まれたようだ。しかし、茂弘は二十五歳で亡くなった。大きな悲しみだった。だからこのような文を贈っている

　このように、よき家族に、よき師よき兄のような人の温もりの中で、しっかり儒学を学ぶだけでなく松隠や茂弘から様々な経験もさせてもらいながら、生活の自立と人間関係力、社会性等育まれたようだ。

湧き出るような良知良心からの、皆の幸せ

◆九歳、文化十年（一八一三）の時

【松隠塾のお客に、学問をして何をしたいのか尋ねられた。すると、「治国平天下」と答

え客は驚嘆した】

とある。

これは、『大学』の一節にある国を治め天下を平らかにするという意味だ。このときは、言葉は知っていても、その深い意味はまだわからないはずだ。功名心満々の夢かも知れない。幼い子供の頃は功名心をもつのが自然だと思う。

しかし、後の方谷は、せっかく拝命した藩校会頭を辞し三度目の京都遊学で学んだ後（二十七歳～二十九歳頃）学を深め、幼き頃の功名心を顧みて文を残している。

身ヲ顧《かえり》ミテ愧《は》ズ吾《われ》　転蓬頻《てんぽうしき》リナルヲ
夙齢誤《しゅくれいあやま》リテ功名《こうみょう》ノ志ヲ抱《いだ》キ
身ヲ駆《か》リテ自ラ塵網《じんもう》ノ中ニ堕《お》ツ

私の身を顧みると、いつまでも流浪の身で恥ずかしいかぎり
幼少の頃功名の心を抱き
急《せ》き立てられるように自ら俗世間の網の中に落ちてしまった

つまり、学成り深め、良知良心なりに自然なりに人々の貧しく苦しむ様を見て、湧きでるような人を憮《いつく》しむ心に変質していることが窺える。更には、誰もが豊かで幸せになれるよう自分なりに力を尽くしたいという、誠意ある明徳に変質していることが窺える。この誠意明徳が、彼をこれから突き動かし続ける。

慈しみ愛し育んでくれた父母と永遠のわかれ

◆十四歳、文政元年（一八一八）

八月二十七日、母の病が重いと聞き、家に帰って見舞う。しかし、母は師の所へ往かせようとしたので、方谷は、枕もとに就いて別れを告げ号泣した。母はこれを叱って去らせた。しかし、母の病の急変を聞き、深夜来た道を駆け足でまた還った。が、已に及ばず。母は没した。寿《よわい》四十歳。現在で言えば三十八歳か九歳だった。

慈しみ育ててくれた愛する母の亡骸《なきがら》と、方谷は胸ちぎられるような思いで対面したのではなかろうか。母の分身であることをこの時くらい切実に感じ、母を思うこと山の如しだったにちがいない。

後年（六十三歳、慶応三年（一八六七））、亡き母の碑を建てる時次のような文を記している。

「妣《なきはは》ハ一日球ノ髪ヲ撫《な》デテ告ゲテ曰フ、佳児《かじ》必ズ克《よ》ク父ノ志ヲ成セ。然《しか》ルニ崛起《くつき》勢イニ乗リ、顯躓《けんち》シナイ者ハ鮮《すく》ナシ。汝ニシテ終ヲ令ス。吾ハ願ッテ足ル。球ニ時ニ髫齓《ちょうしん》ノ訓《おしえ》。肝ニ銘ジテ忘レズ、ト。・・・」

【亡き母は、ある日私の髪を撫でながら言った。佳い子だから、必ずりっぱにお父さんの志を遂げておくれ。でも、勢いに乗ってやりすぎるとつまづくものですよ。私はお前がよい生涯を終えてくれたらそれで十分ですよ、と。あの日の亡き母の髪を撫でながらの訓え、わずかでも答えられただろうか、忘れられない・・・】

さらに、

【・・・両親ともに、一生貧しく困難多く苦しみながらも、そのお陰に頼り私は成長し学問をさせていただいた。私は老いてこのように官職に就き何の不自由も無い身となった。が、いわゆる、親孝行したいときには親はなし、の時となっては、功名も富貴も無用の物となった。かえって憂いの種となった・・・・・】

そこで、明治三年方谷六十六歳の時、亡き母の生まれ故郷の小阪部に移寓し、

「毎月外祖父母ノ墓ヲ金剛寺《こんごうじ》ニ展《おまいり》ス」

とある。そして、亡くなる前年の七十二歳の時、

「（亡き母の生家）西谷氏姻族《いんぞく》H小野定一郎ノ女《むすめ》ヲ養ヒ、佳婿ニ配シ・・・西谷氏ヲ再興ス。是ニ於テ先生多年ノ宿志《しゅくし》始《はじめ》テ達《たっ》ス」

とある。

H　姻族：婚姻によりできた親戚。

愛着形成あっての深い孝ではなかろうか。亡き母に至るまでずっと続いていた西谷氏を再び興し、母とその祖先をずっと祀るため、また母がここに生まれ育った証をこの世に残してその分身であることに感謝し続けるため再興させたのではなかろうか。

方谷は、母と父の深い愛情と自立への庇護と育みとがあって生き方考え方の「本」の良知良心、誠意が磨かれていった。愛着形成が土台となり、自らの学びにより他へも及び、誠意を実現する藩士藩民を救うための三度目の京都遊学となったように思う。さらに、士民撫育を目的とした藩政革新につながり、士も民も生き生き活潑潑地として、豊かで幸せに暮らすがことができるようになった。

◆十五歳、文政二年（一八一九）

父が病で没した。

「先生哀慟《あいどう》措《お》カズ」

I　哀慟：哀はかなしむ。慟はひどく悲しむ。なげく。身をふるわし、大声で泣く。

と記してある。母と父の死亡原因は過労と栄養失調だという説もある。

十五歳と言えば、今でいう中学二年生だ。母に続いて父も亡くなったのだ。こんな無情なことがあろうかといわんばかりのことで不安、孤独感、愛し追慕する気持ちは筆舌に尽くし難いものがあったと思う。大声をあげて、身をふるわし泣きじゃくったのだ。

この父は、亡くなる前、子のこれからのことを思い最期の訓戒十二条を方谷に遺した。継母への孝養、弟の教育、そして朝六時に起きて一日の予定を立て、行い、済んだら自分の修行少しも怠らないよう、夜には十時に寝て学問修行怠らないよう、家の用事以外無益の長起はしないよう、等々生活の自立についてである。母は母らしく、父は父らしく方谷を導き亡くなった。

これまでは、新見と西方村とに離れていても親が生きているだけで心強かったはずだ。しかし、それがなくなった。いやでも、方谷は、経済的にも精神的にも自立せざるを得なくなった。そのうえ、家族を養うことも背負うことになる。

三、つまずきながらも精神的に自立する青年期でアイデンティティ形成

この時期、発達段階からみて精神的に自立するときではあるが、まだまだ不安定な時期だ。自分で判断できたとしても、当然失敗がつきものだし悩みもするし苦しみもする。しかし、突然家族の柱となったのだ。

普通、精神的に自立する時、自分とは何か、自分は将来どのような人間になり、どんな仕事をすればいいのか、といった疑問をもち、自分に向き合いながら、時には反抗もしながら徐々に考えていき自ら答えを出していく。そして最終的に心に強固な自己を築いていく。これを心理学ではアイデンティティ（自己の存在証明、自己同一性）と呼ぶ。この青年期[J]の発達課題は、乳幼児期の発達課題「愛着」とともに欠かすことの出来ないものだと思う。残念ながら今の中高校生には非常に弱い面だと考える。これが無いキャリア教育はシンのないものだと思う。また、日本人としてのアイデンティティを持ったうえでないと、グローバル社会

J　青年期：子供と大人の中間の段階で、思春期から二十代半ばまでの時期。性的特徴も顕著となり、自我意識が著しく発達する期。私の実感から小五年生くらいからか。

で違いを認め合うことはできないと思う。

このように自分をつくっていこうとするのが青年期だ。社会成員全ての人間は、いやがうえにも自分に責任をもつ立場になっていくものだ。生活身辺の自立から、いつまでも親の愛情や保護を求めるだけでなく、たとえ得られなくても失敗や反抗、孤独も経験しながら善き人善き師善き友を得て学び、やがて精神的に自立し社会の中でよりよく生きていけるようになる。

ちなみに、古典では、この期の真っただ中の十五歳を立志と言う。精神的に自立し何で生計を立てるのか、それは社会のどんな役割を担うことなのか、などをはっきり抱きそれに向かう覚悟をもって行動していくことだ。

一家の大黒柱として家業を継ぐ

◆十六歳、文政三年（一八二〇）
家業を継ぎ一家の主となった。

方谷は、父母を亡くしただけでなく、残された継母や弟を養い育てる主となったのだ。それでなくても貧しい一家を支えていかなければならなくなった。家業の菜種油を作り絞って商いとすることで一家の生計を立てるのだ。これまでの学びの生き方考え方の応用実践となったのだろうか。

◆十八歳、文政五年（一八二二）

【暇あれば誦読《しょうどく》をして修行怠らなかった】

とある。

経験なく、これまでに教えてもらったこともない油の作り方、販売の仕方だけでなく、油の量り方及びその値段の付け方、会計収支の計算法、帳簿の付け方及び収支決算により、それをどう生かして生活できるようにするのか等等、分からないことだらけの中に飛び込んだのだ。だから、毎日それだけでヘトヘトとなり、それ以上のことはなかなか考えられないのが常人だ。

しかし、方谷は、自ら学び自ら問題を解決し、それらを習得していった。この力こそ、現在の学習指導要領が求める古今東西を問わず大切な思考力・判断力・表現力等能力であり、また、主体的な学習態度（学習に向かう力、人間性等）だと思う。このような能力や自己学習力、人間性こそ、どんな状況でも、どんな立場にあろうとも、その人を助けてくれる力となる。ぜひ意識して何歳からでも身に付けていきたいものだ。

方谷は、「どう生きるか」の経学が活きて働き、しっかり自分自身を乱さず、怠けず誠実に努力していったと思われる。だから、暇をみつけては、「どう生きるか」の示唆をくれる経学の素読を続けたのだ。

◆十九歳の時の年譜には

「先生頗《せんせいすこぶ》ル家業《かぎょう》ニ精《くわ》シク、日《ひ》ニ斗衡《とこう》ヲ操《あやつ》リテ農商市児《のうしょうしじ》ト交《まじわ》ル。後年一藩財利《こうねんいっぱんざいり》ノ権《けん》ヲ握《にぎ》リ、狡吏姦商《こうりかんしょう》ノ欺瞞《ぎまん》ヲ受《う》ケザリシモノハ此素養《このそよう》アリシニ因《よ》ル。」

と記してある。このころは、かなり家業に精通してきていることが分かる。そして、斗《ます》や衡《はかり》を誠実に正確に操り、農商市の人たちと交わったようだ。ごまかしやあいまいでない商売、人を欺かない商売をしていたことが分かる。

また、この時期の松山藩は、困窮の極みにあり風俗も乱れていたようだ。このような状況下でも、権力ある役人へのへつらいなどではなく、理屈を並び立てるだけでなく、人を欺いて暴利をあげることでもなく、身をもって誠実に正しく商いし、しかも学び続ける態度は、人の心に響く。

藩主に認められ、学資としての扶持米を

◆二一歳、文政八年（一八二五）

「先生篤学《とくがく》ノ名四方ニ聞《きこ》ユ」

【先生の学問に熱心で広く通じること四方に聞こえた】

とある。

松山藩公板倉勝職《かつつね》に聞こえることとなり、二人扶持を給される沙汰書を賜ることとなった。それは、学問所へ罷り出てさらに修行し、藩の御用に立つようにとのことだった。方谷にとって、これは晴天の霹靂だったに違いない。身を立て名を上げることは諦めていたかもしれない。いま居る立場で精いっぱい花を咲かせる君子を目指していたのではなかろうか。誠意を「本」としどんな位置でも立場でも認められようがなかろうが、君子を目指し家業に修行に誠実に向き合ったからこそ、人の認めることとなったのではなかろうか。
そこで給される扶持米を原資として、

◆二三歳、文政十年（一八二七）

「春、始テ京都ニ遊ビ、寺島白鹿《てらじまはくろく》ノ門ニ学ブ」

とある。

五歳から十五歳まで学んだ師、丸川松隠の勧めで寺島白鹿に入門する。ものすごい学習意欲だったに違いない。翌年帰国する。そして、

遊学成り、士籍に入り藩校有終館の会頭に・・・が、心がくもる

◆二五歳、文政十二年（一八二九）

「三月二十三日、先生再ビ京ニ入リ、白鹿《はくろく》ノ門《もん》ニ学ブ」

とある。

九月帰国し、十二月藩公より名字帯刀を許された。そして八人扶持を給され藩校有終館会頭を拝命した。

これで父母の期待に応える事ことはできたことにはなる。そこで、藩校で藩士子弟の教育にあたっていった。


ここまでを概観すると、方谷は、両親の愛情ある庇護の中での育みによる愛着形成がなされ、生活身辺の自立がなされるよう育まれ、丸川松隠塾で長子茂弘の父母の愛を踰えるほどの愛情を受けながら経学の学びで精神的自立へと向かい、そして突如一家の主として家業を継ぐことになった。そこで、忽ち家族を養っていかなければならないという現実に否応なしに身を置く。収入がなければ一家路頭に迷わなければならなくなる。その責任を痛切に感じたことだと思う。そんななか、手探りで商品づくりやマーケティング、定価の決め方・収益の上げ方等々具体を試行錯誤しながら学んでいったと思われる。

そんな時、農商市の人たちやそれに関わる役人の人たちとの交わりが必然的にでてくる。そこでは、多分、狡猾な役人や邪な商人の人たちもいて、そんな風俗の中で、折り合いをつけながらも、「どう生きるか」、という経学などの誦読を続け自ら身を修め学び続けた。人間生まれながらだれにもある良知良心を磨き、それを致《いた》し[K]格物《かくぶつ》[L]をし、意を誠にし続けていった。

このような閲歴で生活も安定してまさに出世物語そのものだ。

が、

◆二六歳、天保元年（一八三〇）

十二月、有終館会頭を罷める。

なぜか。

K　致す：発揮すること。

L　格物：物《もの》を格《ただ》すこと。物とは、自分の立ち位置にある所属組織などのこと。例えば、国の長なら国、家の長なら家、班長なら班、部長なら部、藩校会頭なら藩校や藩のこと。格とは、格《ただ》すことで、正し実践をすること。格物とは、意・心・身・家・国・天下等を良知良心を発揮し正し修め工夫努力行動すること。

第二章　成果を上げ続けた方谷の生き方考え方の「本」

方谷が有終館会頭を罷めた理由は、方谷の二十六歳の時の三つの随筆で知ることができる。

それを、年譜から紐解いてみる。多くの先輩諸氏が読み下し、口語訳をされ、解説されている他文献からそのまま引用しないで、原漢文を稚拙ながら読み下し、口語訳を試みてみた。それは、原文を読むことで、そのときの憤りや嘆きなどを直接感じ、気づき、理解したいと思ったからだ。さらに、極力意訳しすぎないよう努めた。だから分かりにくいところ多々あることをお断りしておく。

一、二十六歳の三つの随筆　(天保元年、一八三〇)

二十五歳で藩校会頭を拝命されたが、二十六歳で辞めた。

◆二十六歳の時の年譜に

「先生當時随筆《とうじずいひつ》三十餘條《よじょう》アリ。修養《しゅうよう》ノ一班《いちはん》ヲ窺《うかが》フニ足ル。三條ヲ節録《せつろく》ス。」とある。

【方谷先生この時三十あまりの随筆があった。修養の一部を窺うことができる。その

三つを記す】

として、次の三つが載っている。

これは、その当時の心境がよくわかる随筆だ。なぜ、会頭を辞し三度目の京都遊学に出たのか、方谷の已むに已まれぬ良知良心が窺われるもので感動した。それを紹介する。

なお、原文の漢文と、拙いながら私が読み下した文、そして拙い口語訳を記したが、口語訳で読み進めていただければ幸い。が、興味ある人は、後で、漢文、読み下し文に目を通していただき、お導きいただければ幸い。

（一）随筆その一

文政庚寅孟夏念八之夜。夜色清涼。風露滿レ庭。獨坐澄心。挑レ燈讀レ書。百慮倶鎖。胸裡曠然。於レ是神氣清明。實有下與二天地一同化之氣象上。忽思二慮一塵事一。疑惑蔚起。心胸暗塞。前之氣象須臾變滅矣。片時之際。一心之中。其相違如レ此。可レ不レ懼哉。以爲二後日之戒一。

「文政庚寅《ぶんせいこういん》[A] 孟夏《もうか》[B] 念八《にじゅうはち》之夜。夜色清涼《やしょくせいりょう》。風露《ふうろ》庭ニ満《み》ツ。獨《ひと》リ坐《ざ》シテ心《こころ》澄《す》ム。燈《とう》ヲ挑《かか》ゲ書ヲ讀《よ》ム。百慮倶《ひゃくりょとも》ニ銷《き》エル。胸裡曠然《きょうりこうぜん》[C]。是ニ於イテ神氣清明《しんきせいめい》。實《じつ》ニ天地ト同化ノ気象有リ。忽《にわか》ニ一塵事《いちじんじ》ヲ思慮《しりょ》ス。疑惑萠起《ぎわくほうき》ス。心胸暗塞《しんきょうあんそく》。前ノ気象須臾《しゅゆ》ニシテ變滅《へんめつ》ス。片時《へんじ》之際《のさい》。一心之中《いっしんのうち》。其相違《そのそうい》ハ此如《かくのごとし》。懼《おそ》レザル可《べ》キヤ。以テ後日ノ戒《いましめ》ト為《な》ス。」

【文政十三年（天保元年）初夏二十八日の夜、夜の気配は涼しくさわやかだ。風冷たく露が降りている。独り座して心は静まり清い。灯をともし書を読む。色々な思いが浮かんではみな消える。胸中わだかまりもなく、神気は清明[D]。まことに天地と同化したような空気の中にいる。にわかに現実の俗事を思い浮かべると、疑いが芽生え心は暗く塞がれる。以前の神気はわずかの間に変わりこわれた。一瞬のうちに心の中がこのように違ってくる。懼れずにいられようかこれを後日の戒めとする。】

A　文政庚寅：文政十三年（一八三〇）。
B　孟夏：初夏。夏の初め。陰暦四月の別称。
C　曠然：わだかまりがないこと。
D　清明：すがすがしい。

心静まり穏やかな日々も、やがて疑いが芽生え心は暗く晴れない

二度の京都遊学の後、名字帯刀を許され、八人扶持を給され武士として藩校会頭に抜擢された。貧しい中でも一生懸命育ててくれた今は亡き両親の期待にも応えることができ、多少は自分自身の功名心も満たされ、穏やかな日々であったと思われる。それは、「胸中わだかまりなく」「清明」、などの言葉が前半の文にでてくることからわかる。しかし、「一塵事を思慮」すると、疑問が湧いてきて胸中は暗く塞がり晴れないのだ。これは、藩士も藩民も貧しく苦しい極みの生活をしている現状で、「自分はこれでいいのか」「藩校会頭としてこのままの子弟教育でいいのか」等等の疑いがでてくるのは自然だと思う。これは、方谷の良知良心で、「それを今後の戒めとする」との最後の言葉に、方谷の良知良心を発揮しようとする(致《いた》そうとする)心構えが窺える。

このようなことは、なかなかできないことだ。ふっと疑問をもっても、「まっ、いいか」でそのままとすることは、誰にもある。だが、そうしないで、今後の戒めとして塞がる心をポジティブに捉えている。だから次の随筆となったのか。

（二）随筆その二

余嘗歴二観倭漢古今書記一。茫茫宇宙。幾億萬人。英俊雄傑。世世雲起。窮二智力一。奮二勇武一各欲レ成二其所一レ志。然其成者寥寥乎如二晨星一。或遭二時之不可一。或誤陥二禍害一。抱レ志淪没者蓋十之七八矣。哀哉。而況今若レ球者。以二斗筲之器一。従二齷齪之事一。百歳之齢既空二四半一。一生之業竟何所レ成。與二禽蟲一倶生。與二草木一同朽。千載之後。誰知レ有二田琳卿一哉。中夜而思レ之。慨然而悲。潸然泣下矣。然唯恃二于懐一者。乃方寸靈物。受二之於天地一。齊二之於聖賢一。與レ身無レ盡。無二時不一レ明。人之所三以參二天地一。我之所三以至二聖賢一。亦唯是物、夙夜奮勵。保之無レ墜。則庶三乎其少異二於禽獸草木一歟。若夫不レ用二心於此一。於徒任二智力之末一。馳二權變之途一。僥二倖於萬一一。無下復顧二戒夫英俊雄傑功業難一レ成者上。豈非二愚之甚一那。於レ是乎我心始定。悲亦止矣。嗚呼世之人不三自量二其材徳一。徒溺二心於功名一。希二望其成一者。於 是亦可二以少醒警一也。唯未レ知三世之英雄以爲二何如一耳。

「余嘗《われかつ》テ倭漢古今《わかんここん》ノ書記《しょき》ヲ歴観《れきかん》ス。茫茫《ぼうぼう》宇宙ニ幾億萬《いくおくまん》ノ人アリ。英俊雄傑《えいしゅんゆうけつ》世世ニ雲ノゴトク起《た》ツ。智力《ちりょく》ヲ窮《きわ》メ勇武《ゆうぶ》ヲ奮《ふる》イ、各《おのおの》其ノ志《こころざ》ス所ヲ成スヲ欲ス。然《しか》レドモ其ノ成ス者ハ寥々《りょうりょう》トシテ晨星《しんせい》[E]ノ如シ。或《あるい》ハ時ノ不可ニ遭《あ》イ或ハ誤《あやま》ッテ[F]禍害《かがい》[G]ニ陥《おちい》ル。志ヲ抱《いだ》イテ淪沒《りんぼつ》[H]スル者ハ十ノ七八。哀《かな》シイカナ。況《いわん》ヤ今、球ノ若《ごと》キ者、斗筲《とそう》[I]ノ器《うつわ》ヲ以テ、齷齪《あくせく》[J]ノ事ニ従《たずさわ》リ百歳ノ齢《よわい》既ニ四半《しはん》ヲ空《むな》シクスル。一生ノ業ヲ竟《おえ》テ何ノ成ス所カ。禽蟲《きんちゅう》ト倶《とも》ニ生キ草木ト倶ニ朽《く》チ、千載《せんざい》ノ後誰カ田琳卿《でんりんけい》[K]有《あ》ルヲ知ルカ。中夜《ちゅうや》之ヲ思イ、慨然《がいぜん》トシテ悲シミ、潸然《さんぜん》[L]トシテ泣下《なみだお》チル。然《しか》レバ唯懐《ただおも》ウニ恃《たの》ムハ、乃《すなわ》チ[M]方寸《ほうすん》[N]ノ靈物《れいぶつ》、之ヲ天

E　晨星：夜明けの星。

F　誤る：気づかずにしそこなう。

G　禍害：災難。わざわい。

H　淪沒：しずみかくれる。

I　斗筲：斗は一斗ます、筲は一斗二升いれる竹製の器。ともにわずかな分量をいれもの。㋐器量せまく小さなたとえ。㋑わずかな俸禄のたとえ。俸禄の少ない身分の役人。

J　齷齪：心が狭く小さなことにこだわる。

K　田琳卿：田は山田の山の省略。琳卿は方谷の字《あざな》。

L　潸然：ひそかに。人知れず。

M　乃ち：なんと。意外にも。わずかに。

N　方寸：こころ。むね。昔心の働きは胸中の方寸の間（心臓）にあると考えた。

地ニ受ケ之ヲ聖賢《せいけん》ニ齊《ひと》シクスル。身ハ興《お》キ盡《つ》キルナシ。時ハ明ラカナラザルナシ。人ノ天地ニ參《さん》スル所以《ゆえん》ナリ。我ノ聖賢ニ至ル所以ナリ。亦唯是物《またただこのもの》ハ夙夜《しゅくや》[O]奮励《ふんれい》ス。保《やすん》ジテ之《これ》ヲ墜《お》チル無シ。則《すなわ》チ其ノ少《わず》カ禽獣草木《きんじゅうそうもく》ニ異《こと》ナルヲ庶《こいねが》うカナ。若《も》シ夫《そ》レ心ヲ此ニ用イズ徒《いたず》ニ智力《ちりょく》ノ末ニ任《まか》セ權變《けんぺん》[P]ノ途《と》ニ馳《は》セ萬一《まんいち》ニ僥倖《ぎょうこう》[Q]セバ、復《ま》タ夫レ英俊雄傑ノ功業《こうぎょう》ハ成リ難《がた》キヲ顧戒《こかい》スル[R]者ハ無シ。豈愚《あにぐ》ノ甚《はなは》ダシキニ非《あら》ズヤ。是於我心《そこでわがこころ》ハ始《はじめ》テ定《さだ》マル。悲シミモ亦止《またや》ム。アア、世ノ人ハ自《みずか》ラ其ノ材《ざい》[S]徳《とく》ヲ量《はか》ラズ。徒ニ心ハ功名《こうみょう》[T]ニ溺《おぼ》レ其ノ成ルヲ希望ス。アア、是モ亦タ以テ少《わず》カニ醒警《せいけい》[U]ス可キナリ。唯未《いま》ダ世ノ英雄ハ以テ何如《いかに》爲《な》スカヲ

O　夙夜：朝早くから夜遅くまで。一日中。

P　権変：権は目方をはかる。はかりごとにかける。いつわる。権変はごまかし。いつわり。臨機応変に事をはからうこと。

Q　僥倖：僥は求める、ねがう。倖は思いがけない幸運。

R　顧戒：顧は①かえり—みる。㋐ふりむいてみる。㋑みまわす。㋒反省する。㋓心にかける。②みる。みつめる。観察する。戒はいましめる。顧戒はよくみて戒める。

S　材：もちまえ。

T　功名：てがらと名誉。

U　醒警：醒はさめる。さます。さとる。迷いがはれる。警はいましめ。教訓。そなえ。防備。合図。※材

知ラザルノミ。

註　知ラズ、先生既ニ此《こ》ノ時王氏《おうし》ノ書ヲ讀《よ》ムヤ否《いな》ヤヲ。然《しか》ルニ王學《おうがく》ノ基本、即《すで》ニ此ノ數語《すうご》デ立ツ。（中洲《ちゅうしゅう》V）」

【私は倭漢古今の書をあまねく観てきた。この広い世界にどれだけ多くの人がいることか。才能優れた英俊雄傑はそれぞれの世に、雲の如く起《た》ち智力を窮め勇武を奮いたたせ各々志す所を成したいと欲してきた。しかし、それを成した者は非常に稀だ。或いは時に恵まれず或いは誤って災難に陥り、志を抱いて沈みかくれた者は十人に七、八人。哀しいものだ。ましてや今、球（方谷）は、小さな器量でささいな事に従事し既に二十五年を空しくしてきた。一生の業を終えたとき、何を成したといえるだろうか（いえない）。禽蟲《きんちゅう》とともに生き草木とともに朽ち、千年の後私山田方谷がいたことを誰が知ろうか（知らない）。深夜これを思うと憤り悲しくなり、さめざめと涙を流す。だからただ心にいだくのは、胸中不思議な力を天地に受け、之を聖賢に斉《ひと》しくすることだ。すると身は奮い立ち尽きない。時は明らかだ（今だ）。人は天地に参す

徳を量ること（もちまえの徳を尽くすこと）と対比させ、少し意識すればできることの意味か。

V　中洲：三島毅。号が中洲。十四歳で方谷私塾牛麓舎入塾十九歳塾長。後藩校学頭。明治時代東宮侍講。

るためのもの、我は聖賢に至るためのもの。唯、朝早くから夜遅くまで気力を奮い起こし励むのみ。その気力奮い起こし励むことを続け、わずかでも禽獣草木とは異なることをこいねがう。もしここに心を発揮せずいたずらに智力の末に任せ、誤魔化しのこみちに走り、万に一つあるかないかの偶然の結果まぐれあたりを求めるなら、英雄は切磋琢磨し自ら学び修めたので功を成したんだということをよく観て戒めとは決してできない。こんな愚かなことはない。そこで我心は定まった。悲しみも止んだ。ああ、世の人は自らそのもちまえの徳をおしはからず尽くさない。いたずらに心は功名に溺れ、その成ることを希望する。ああ、これは、少し眠りを覚ませばできることだ。ただ、いまだ世の英雄は何をいかになせばいいかを知らない。

註。先生はこの時既に王陽明の書を読んでいたたかどうかはわからない。しかし、王学の基本は、既にこの数語で成り立っている。（中洲）】

心定まると悲しみは止んだ

自分の身は藩校会頭となり生活の安定と功名心は成ったとも思えるが、これで満足できないのが方谷だ。

これまで倭漢古今の書を学び、多くの英雄が起っても、智力を窮め勇武を奮って志を遂げようと欲しても残念なことにわずかの英雄しか実現できなかった。藩の現状を知っているので、藩校会頭としても「これでいいのか」という疑問は常にあったのだと思う。だから、深夜このようなことを考えると憤り、そして悲しくもなり、涙が落ちてくるのだ。でも、それで終わらない。人は天地とともに在り、聖賢は天と並びたつもので、その聖賢は、禽獣草木とは異なり日夜努力を怠らず、誠意もって皆の豊かで幸せな生活を願い実現するものだ、ということに気づいたのだ。そこで、中江藤樹が『大学』の「天子より以て庶人《しょじん》に至るまで、壹《いっ》に是《こ》れ皆身を修めるを以て本と爲《な》す」という章句を読み、感涙を流し学を志したことと同じように、方谷も発心するのだ。「身ハ興キ尽キルナシ。時ハ明ラカナラズ無シ（時は今だ）」と。そのうえ、ただ単に、智力、理屈だけで考えてまぐれ当たり偶然の成果を期待できるものではないことに気づいていた。英雄の功績は、一起一伏しながらも日々切磋琢磨の努力し艱難辛苦《かんなんしんく》を乗り越えた結果だ。それなしに英雄の功績はないと気づいている。

また、人は、自分に生まれながらの徳、良知良心があることに気づかず尽くしていない。とかく功名心に溺れてしまうものだ。そこで、自分が立つことを発心したのだ。艱難辛苦に立ち向かい工夫努力をしていくことを発心したことがわかる。しかし、いまだ何をどのようにしたらいいのかがわからない、と言っている。

王学未だ学ばずの時、既に王学の基本はできていた

三島中洲は、随筆その二の「註」に。

「註　知ラズ、先生此《こ》ノ時既ニ王氏《おうし》ノ書ヲ讀《よ》ムヤ否ヤヲ。然《しか》ルニ王學ノ基本、即《すで》ニ此《こ》ノ数語《すうご》デ立《た》ツ。（中洲）」

【先生はこの時はまだ、王陽明の書を読んではいない。が、その王学の基本は、既にこの数語で成り立っている】

と言っている。

王学とは、明[W]の時代の王陽明の学問という意味で、王陽明の語録や書簡を録した基本書『伝習録』がある。

W　明：一三六八～一六四四。元朝を北方に追って建国。唐→宋→元→明→清と変遷。

王陽明は、二十八歳で官吏登用試験に合格した後、当時の腐敗政治に対する正義心から君主に上言した。結果、杖刑《じょうけい》X を受け死に瀕《ひん》し辛うじて生き返った後、改めて貴州の龍場《りゅうじょう》に左遷された。刺客を逃れながら赴任した龍場とは、辺鄙な地で、住民は穴居の人や漢民流亡の人達で、気候も不順で全くひどい状況だったようだ。

王学の真髄は、この龍場において、絶望的孤独の艱難辛苦の中で思索を重ねた結果忽然と悟ったもので、真に頼り得るものは一身の主である心であり、心こそ万事万理の根源で、しかも誰にもあるものだ、というもの。悟ってからは、精神も肉体も活気に満ち、三年の蛮地生活を楽しいものにした。すると、人々も親しんできて協力したり、教えを受けたりするようになり、その名は近隣に聞こえ事態は変わっていったようだ。

つまり、「どう生きるか」という意識、考え方、生き方しだいだということ。言い換えると、愚痴や人の悪口を言うなどマイナス思考に陥らず、現状をポジティブに捉え直し、そこから、どう生きるか、何をするか考え、できることを考え皆と生き生きと行動し前向きに生きること。意識が変われば考え方が変わる、考え方が変われば生き方が変わる、生き方が変われば

X　杖刑：むちで打つ刑罰。

人生が変わる、ということだと思う。いくら人の悪口や愚痴をいってみても、人は変わらない。自分が変わると事態は必ず変わるということだ。

このような悟りと行動から始まった王学の考え方生き方の特色を、新釈漢文大系『伝習録』を参考に私なりに良知、知行合一、事上磨錬、天理人欲、万物一体観等を簡単に述べる。不十分とは知りながら。

良知には、二つの意味がある。一つは良知は天理、つまり学ばずして是非善悪を知るもので智の端でもある。もう一つは、真誠惻怛《しんせいそくだつ》、つまり他人に同情し親愛して一体となるものである。これらは、人間誰にでも生まれながらにあるもの。致知とは、致良知で、良知を致《いた》すこと、つまり良知を発揮すること。良知を致せば格物しないわけにはいかなくなる。格物[Y]とは、物を格《ただ》すこと。ということとは、良知なりに自然なりに意を誠にすることになる。

知行合一とは、体験の無い知識は真実のものではなく、耳目から入った知識は説話に過ぎない。知は、体験知または真知（その知を活かしたり実用できる知）で言葉だけの概念的知識ではないということ。但し、書を読み研究し、工夫実践し評価して身に付ける知や、思考し

Y　格物：第二章二「本」を探る、方谷の生き方考え方意を『古本大學』に照らし「本」の学びを探る参照。

工夫実践評価しての知、あるいは繰り返し練習や鍛錬して得る知は真知。

事上磨錬とは、当時、弟子を世間の功利的風潮に染まらせないで専心求道に向かわせようと静坐澄心を勧めたところ、弟子は、動を避け静を好むようになった。そこで、現実生活の中で人生をよりよいものにすることを目的に修行するよう勧めたことから言われるようになった。また、書を読む時間がない弟子に、自分の職務の事上に磨錬することはいつでもできることだと励ました。知行合一にもつながる。

天理人欲とは、天理を存して人欲を去ること。天理とは、明徳、心の本体、良知のこと。つまり、天理とは良知。人欲は、天理の発現を妨げるもので、主として感情や欲望についていうが、それは、多くは自然なもので、過度もしくは自分さえよければいいという自己中心的な不自然なもののみをいう。

万物一体観とは、人も万物も一体だという考え方。本来人も、宇宙の万物も一体で、一体となれないのは、我見・執着・私欲のため他と対立し良知を致さないから。そもそも、人も宇宙万物も、約百三十七億年前のビッグバンで宇宙が誕生したことから始まる。その状態を太虚と言い、そこで、小さなチリのようなものが凝集し、気となった。気は、恒星をつくり星雲をつくり、地球が誕生した。その地球に生命が誕生し、七百年前に人類が誕生し進化と絶滅を繰り返し、二十万年前に我々の祖先であるホモサピエンスが誕生した。しばらくネアンデルタール人と共に生きたが、ネアンデルタール人は絶滅し、ホモサピエンスだけが今生き残っている。こういう宇宙の歴史を概観すると、元々は太虚であり万物は一体と言えるのは明白だ。このような万物一体の実を上げるのは、仁であり良知に外ならない。そして愛情が他のもの全てに貫き通ると、それを無視することのできない状態にあるのが万物一体。だから、国や藩、家にも万物一体を実現するには良知を致す以外ない、ということになる。

また、私自身『伝習録』の中では、「抜本塞源の論」とか、「聖人も困知勉行《こんちべんこう》する」「活潑潑地《かっぱつぱっち》」「楽しいのが本来」というのも印象に残る。

「抜本塞源」とは、文字通り本を抜き源を塞ぐという意味。本源は、己の功名と利益で私意私欲の功利主義のこと。明代、官吏の功利のための外面的知識を主とする学問が極端に尊ばれていた。そこで、理想の聖人を目指し万物一体の考え方で良知を致す学問の必要性を大勢に抗しながら説いた論。

「聖人は困知勉行する」とは、聖人は学んで様々なことができても、決して自己満足しないで、さらに高みを目指して自ら進もうとする。そこで困しみながら知り己に鞭打って修行する、ということ。方谷が随筆二で問題意識持ち更に藩士藩民の貧しさを救う手立てはないのか、と発心したように。

「活潑潑地」とは、天高く鳶《とんび》が飛ぶように魚が淵に泳ぐように、人間も本来生き生きとして活発に生きるもの、ということ。

「楽しいのが本来」とは、人間は楽しむのが本来。悲しい時は大いに泣いても心が落ち着けば心は本来の楽しいにもどるもの。宇宙誕生以来万物は生き生きと活潑潑地で善き方へ善き方へ膨張成長変化している。その一部に人間もいるのだから、成長し続ける楽しさがある。万物一体観にもつながる。ただ功利主義の楽しさではなく、『古本大學』の誠意章にあるように、人も自分も欺かないと快いという、それにつながる楽しさでもある。

このような王学の特色は、主知もだが実践、実用を重んじ、形式主義より内実を尊ぶ。また、人は皆聖人で、個人の尊厳を重んじる。

欠点としては、主観と客観が区別できなくなると弊害がでることで、これを認識しておく必要がある。だからこそ、俯瞰[z]的に客観的に視て評価するメタ認知は重要だ。

z　俯瞰：全体を上から見ること。高い所から見ること。

私は、なかなかうまくいかない業の中で、誠意本気あれば、なんとか問題解決したいと思うので色々な考えが生まれたり[AA]試行錯誤が生まれたりするのだと識るようになったことがある。つまり、自分を変え事態をポジティブに考えることの大切さを学んだことがある。心の持ちようをマイナスばかりにしていると、しんどくもなるし決して事態はよくならない。心の持ちよう、考え方次第だな、と思ったことがある。いくら「こうしたらいい」「こうすべき」と理屈を言葉で知っていても好転しなかった。

このように、王学の真髄は、どん底の絶望的な中でも人間がよりよく生きようともがき苦しんだりした末に、自然なりに悟ったものだと考えられる。方谷も、それまでの学びや生活経験の中から自然に身に付けていったと考える。これらの必要に迫られた意識、考え方は、ただ単に耳目の言葉の記憶でなく、日常生活と結び付けた経験、行動に照らしながらの学びから生まれる実用のためのものではなかろうか。だから、方谷は王学を学ぶ前から王学の基

AA　考えが生まれる：考えるとは、既有の知識や理から発想する拡散思考であり、また、理をもとに推論する論理思考であり、更に結果とプロセスを値踏みする評価すること。いずれも理は要る。方谷は、誠意は条理を立てると『古本大學序』の10章句で説明している。意が誠なら自然に条理が立って、格物しなければならなくなる（試行錯誤）ものだと。

本を身に付けていたと思われる。
ある有志の学習会で、中江藤樹は陽明学者という論に、現在の中江藤樹顕彰会である藤樹会の方が、陽明学者ではなく藤樹学者だと言われたことがある。完全に陽明学者としてすべて考え生きるのではなく、それも学び他もしっかり学び納得できるところは自得し、主体的に人間の在り方を自ら深めた学で、それを藤樹学というのだと言われたことがある。たまたま陽明学と重なる所があっただけだと。私は、この随筆に出会い、この言葉の意味が抜けるようにわかったような気がした。

このような王学の基本と思われるものを、この随筆の中から私なりに二点挙げると、
一点目、
「是物《このもの》ハ夙夜《しゅくや》AB奮励《ふんれい》ス。保《やすん》ジテ之墜《お》チル無シ。則《すなわ》チ其ノ少《わず》カ禽獣草木《きんじゅうそうもく》ニ異《こと》ナルヲ庶《こいねがう》カ

AB　夙夜：朝早くから夜遅くまで。一日中。

ナ。若《も》シ夫《そ》レ心ヲ此ニ用イズ徒《いたずら》ニ智力《ちりょく》ノ末《すえ》ニ任《まか》セ權變《けんぺん》[AC]ノ途《と》ニ馳《は》セ萬一《まんいち》ニ僥倖《ぎょうこう》[AD]セバ、復《ま》タ夫レ英俊雄傑《えいしゅんゆうけつ》ノ功業《こうぎょう》ハ成《な》リ難《がた》キヲ顧戒《こかい》スル[AE]者ハ無シ。豈愚ノ甚ダシキニ非ズヤ。是於《そこで》我心《わがこころ》ハ始《はじめ》テ定《さだ》マル。悲シミモ亦止《またや》ム。」

【（過去の成果を上げ続けた英俊雄傑は）朝早くから夜遅くまで気力を奮い起こし工夫努力をし続け、禽獣草木とは違い平々凡々の平穏な生活はしていない。これに意識を向け心働かせずいたずらに（理による）智力の末に任せ誤魔化しの方策に走り、万に一つのまぐれ当たりを求めるようなら、英俊雄傑の成功例をよく観ての戒めとはならないのだ。そこで、我心は定まった。すると悲しみもやんだ。】

事物などの外の理を窮めて策を施しまぐれあたりを期待するのではなく、物事に感応する

AC　権変：権は目方をはかる。はかりごとにかける。いつわる。権変はごまかし。いつわり。臨機応変に事をはからうこと。

AD　僥倖：僥は求める、ねがう。倖は思いがけない幸運。

AE　顧戒：顧は①かえりみる。㋐ふりむいてみる。㋑みまわす。㋒反省する。㋓心にかける。②みる。みつめる。観察する。戒はいましめる。顧戒はよくみて戒める。

良知良心、誠意を重視して困知勉行しようと発心している。しかも、日々の切磋琢磨の実践努力も重視するのは、知行合一でもあり事上磨錬《じじょうまれん》の王学。

二点目には、

「世ノ人ハ自《みずか》ラ其ノ材徳ヲ量《はか》ラズ。徒《いたずら》ニ心ハ功名《こうみょう》AFニ溺《おぼ》レ其ノ成ルヲ希望ス。」

【世の人は自らそのもちまえの徳をつくそうとしない。徒にてがらや名声欲に溺れ、それを望む】

「世ノ人ハ自《みずか》ラ其ノ材徳ヲ量《はか》ラズ」の材とはもちまえのことで、材徳とは生まれながらの誰もが備えている良知良心のこと。方谷は、世の人は自ら生まれながらの良知良心を推し量っていない、尽くしていないと言っている。つまり、良知を致す必要性を述べている。また、「徒《いたずら》ニ心ハ功名《こうみょう》ニ溺《おぼ》レ」で、世の人は自分の功名と利益のみを望んでいる、と指摘して

AF　功名：てがらと名誉。

いる。これは天理に反し人欲にはしっている点を指摘し、抜本塞源で士も民も撫しみ育み豊かにすることにつながる万物一体観の必要性を感じている、と思う。

方谷は、この二十六歳の翌年、藩の民も士も救い豊かで幸せな生活を実現するための実用できる学問を求め三度目の京都遊学に向かう。

（三）随筆その三

庚寅仰冬初八日。余立于門外。村民納租者。絡繹過前。於是乎慨然嘆曰。嗚呼民之勞也甚矣。盡終歳之力。守百畝之田。其所収穫其幾矣。速奉之於上。負擔匍匐。遠致于縣庭。雖一勺米。無不歴其艱者。今也國家疲弊。財用日窮。貸之於大賈富商。年出其息。以萬數焉。奉彼民之膏血。以給之。上不得受其利。下不得免其勞。悉上下之精澤。肥無縁之商賈。豈先君建國安民之意哉。

註。先生他日富國之業、先胚胎此數言。（中洲）

「庚寅仰冬《こういんぎょうとう》AG初八日《しょようか》。余、門外ニ立ツ。村民ノ租ヲ納メル者絡繹《らくえき》AHシテ前ヲ過グ。是ニ於イテカ慨然《がいぜん》AIトシテ嘆ジテ曰フ。嗚呼《ああ》民ノ勞AJヤ甚ダシ。終歳《しゅうさい》AK力ヲ盡クシテ百畝ノ田ヲ守ル。其ノ収穫スル所ハ幾《いくばく》カ。速ヤカニ之ヲ上ニ奉ジル負擔《ふたん》デ匍匐《ほふく》ALス。遠ク縣庭《けんてい》AMニ致ス。一勺《いっしゃく》ノ米ト雖モ。其ノ艱《かん》ANヲ歴《へ》ザル者ハ無シ。今ヤ國家ハ疲弊シ財用ハ日ニ窮ス。之ヲ大賈富商《たいこふしょう》ニ貸リ、年ニ其ノ息ヲ出スコト。萬《まん》ヲ以テ數フナリ。彼ノ民ノ膏血《こうけつ》AOヲ奉ジルヲ以テ之ヲ給ス。上ハ其ノ利ヲ受ケ得ズシテ、下ハ其ノ勞ヲ免レズ。上

AG　庚寅仰冬：天保元年仰冬（立冬頃の十一月）。
AH　絡繹：つらなる。
AI　慨然：なげきいきどおる。
AJ　勞：くるしみ。はたらく。
AK　終歳：一生涯。年中。
AL　匍匐：地に伏して手と足とではうこと。
AM　縣庭：役所。
AN　艱：くるしみ。
AO　膏血：あぶらと血。苦労して得た利益や財産。

下ノ精澤《せいたく》[AP]ヲ悉《つ》クシテ無縁ノ商賈《しょうこ》ヲ肥ヤス。豈先君國ヲ建テ民ヲ安ンズルノ意アランヤ。

　註。先生他日富國ノ業、先ヅ此ノ數言《すうげん》ニ胚胎《はいたい》[AQ]ス。（中洲）」

【天保元年仰冬（立冬頃の十一月）八日。門の外に立つと、村人が年貢を納めるため連なって前を過ぎていく。これを見ていきどおり嘆く。「ああ、民の苦しみはひどい」と。年中力を尽くして百畝の田を守ってもその収穫量は何ほどもない。速やかにそれをお上に差し出す過重な負担で地を這い泥にまみれる。そして、遠い役所に届ける。わずかの米と雖《いえど》もこの苦しみを経ない者はいない。今や国家は疲弊し財用は日に日に苦しくなっている。だから、足らないところの財を大商人に借り毎年その利息を出さなければならない。その金額は莫大なものだ。民の血と汗の結晶でこれに充てるのだ。お上もその利を得ることもならず、下の民も苦労は免れられない。お上も民もその俸給を尽くして無縁の大商人を肥やすだけだ。これがどうして、先君の国を建て民を幸せにしようとした心といえようか。

AP　精澤：俸禄。扶持。
AQ　胚胎：はらむ。物事の初め。きざし。始まる。

註。先生が後に富国の大事業で成果を上げ続けられたのは、これらの随筆にある言から始まっている。（中洲）】

汗と泥にまみれ年貢を納める村人の姿をみて決意を固める

民の血と汗の結晶である米を年貢として納めても、それは借財の利息に消え、藩士も藩民も徒労感はぬぐえず苦しみにあえいでいる。更に財用は日々苦しくなっている。この具体的な現状の姿に、「ああ民の苦しみはひどい」と、湧き上がるような憤りを覚え嘆いている。この現状を変えるために、藩校会頭として、自分はどうしたらいいのか、苦しみ悶えるような日々を過ごしていることが窺える。完全に私意私欲、功名心はなく、藩士藩民に意識を向け誠を向けていることがわかる。

最後に、これがどうして先君の国を建て民を幸せにしようとした意といえようか、と義憤のことばを吐露している。ここで、何かをしようとする決心となっていることが窺える。

ここから成果を上げ続けた生き方考え方は始まる

三つ目の随筆の「註」に、中洲は、

「先生他日富國ノ業、先ヅ此ノ数言ニ胚胎[AR]ス。」としている。

【先生が後に富国の大事業で成果を上げ続けられたのは、これらの随筆にある言から始まっている。】

と解説している。

つまり、成果を上げ続けた方谷の生き方考え方の「本」は、ここに萌芽し始めている、といえる。

随筆一で、目的意識あるからこその問題意識をそのままにせずそれ以降の戒めとする。随筆二で、藩校会頭としての立場から、今を平々凡々と禽獣草木と同じように暮らすのではなく、敢えて艱難辛苦に立ち向かい力をつける覚悟を発心する。随筆三で、村人の汗と泥にまみれた姿を視て、藩士藩民の困窮極まりなく財用日々苦しくなっていく現状に湧き出るよう

AR　胚胎：はらむ。物事の初め。きざし。始まる。

な良知良心を致し、その解決のために藩校会頭として三度目の遊学の決意を固める。
これらを読んで、王陽明が弟の守文のために作って与えた『示弟立志説』（王陽明全集）を思い出す。そこでは、

「其れ学は立志《りっし》より先《さき》なるは莫《な》し。志の立たざるは、猶《な》お其《そ》の根《ね》を植《う》えずして、徒《いたずら》に培擁灌漑《ばいようかんがい》を事とするがごとく、労苦《ろうく》して成《な》る無《な》し。世の因循拘且《いんじゅんこうしょ》、俗《ぞく》に随《したが》い非《ひ》を習《なら》い、卒《つい》に汚下《おか》に帰《き》する所以《ゆえん》の者《もの》は、凡《すべ》て志《こころざし》の立たざるを以《もっ》てなり。故《ゆえ》に程子曰《ていしいわ》く、聖人為《せいじんた》らんことを求《もと》むるの志有《こころざしあ》りて、然《しか》る後《のち》に与《とも》に共《とも》に学《まな》ぶ可《べ》し、と。人苟《ひといやしく》も誠《まこと》に聖人為《せいじんた》らんことを求むるの志有れば、則《すなわ》ち必ずや思《おも》わん、聖人《せいじん》の聖人為《た》る所以《ゆえん》の者安《ものいずく》に在《あ》りやと。其《そ》の心の天理に純《もっぱ》らにして人欲《じんよく》の私無《わたしな》きを以てに非《あら》ずや。・・・人欲を去って天理を存する所以《ゆえん》の方《ほう》を求むれば、則《すなわ》ち必ず諸《これ》を先覚《せんかく》に正《ただ》し、諸を古訓《こくん》に考《こう》す。而《しこう》して凡《およ》そ所謂《いわゆる》学問の功《こう》なる者は、然《しか》る後《のち》に得《え》て講《こう》ず可《べ》く、而《しか》も亦《また》已《や》む容《べ》からざる所《ところ》有るなり。」

【学問をするには、立志ほど大切なことはない。志が立たないのは、苗の根を植えずしてただ土をかぶせ水をかけるようなもので、これではいくら苦労しても何にもならない。世の中で、旧来の慣習のみに従って事無かれ主義でなにもせず、悪いことに慣

れ染まり、ついには堕落してしまう人間は、すべて志の立たないことが原因だ。故に、程子は、「聖人になろうとする志があってはじめて、共に学ぶ資格がある」という。（聖人になろうとすることこそ志に外ならない）人がもし、本当に聖人になろうとする志があれば、必ず考える。聖人の聖人たる理由はどこにあるのかと。それは、心が天理に純一になって、人欲の私がないことではなかろうか。・・・人欲を去って、天理を純一に保持する方法を求めるなら、まず、先覚者の言によって正し、古の聖賢の教え例えば四書五経などに照らし考察することが要る。そして、普通のいわゆる学問の修行法は、これができた後に研究できるものであり、また、しなければならないものだ。】

としている。

これも、王学基本の論だ。

随筆二の「是於我心《そこでわがこころ》ハ始《はじめ》テ定《さだ》マル。悲シミモ亦止《またや》ム。」は志が始めて定まったことを意味するのか。だから、悲しみも止んだのか。そして、随筆三でそれは固まり、三度目の京都遊学へと向かうことになる。

王学を学ぶ前に、このような随筆と王学の論とが不思議に一致していることに、私は驚きと興奮を以てこの『示弟立志説』を再び読んだ。

二、「本」を探る

この志を固めた三随筆に、方谷はどう考えどう生きたのか、の「本」の始まりが見えるような気がしてならない。

なぜか。

人間生まれながらのもちまえとして、知りたいという好奇心やこうなりたという向上心、自分の中にひそむ可能性を自分で見つけ十分に発揮したいという自己実現欲求などの基本的欲求がある。更には、太古の昔、それぞれの動物が弱肉強食で生き残りをかけて日々暮らしているとき人間の祖先は、弱い動物の一種だったから、協働して強い動物にも立ち向かい動物性たんぱくの食料を得ていたという。だから、人間生まれながらに、人間関係の中でしか多くは生きていけない。ということは協同・共同意識があると考えるのが自然だ。このように人への思いやりや助け合い、人の役に立つこと或いはその受動などの人間関係も基本的欲求の一つだともいえる。

更に、一己の個体としての自立性（自己決定・選択などの自由と責任）を発揮し、有能感（小さな達成感の連続）を味わうこと[AS]も基本的欲求でもある。また、それを実現しやすくする組織の秩序と受容風土も欠かせない。

このような本来的なもちまえを発揮しやすくすれば、人は生き生きとする。これを活潑潑地《かっぱつぱっち》という。これらを考えたうえで、この随筆に方谷の生き方考え方の「本」の始まりがあることがわかり、それを磨いていったのはどのようなものか探っていく。

その際、方谷が元締拝命前の四十三歳の時、津山藩で藩士有志に講義した『古本大學』をてがかりに成果を上げ続けた生き方考え方の「本」をつくった学びを探っていく。この頃は、藩校学頭として、藩士子弟教育に携わる会頭の教導や藩主の侍講、及び全藩士を集めての年に一、二回の経学講義をしていたときだ。又、家塾牛麓舎で遠近の身分に関係ない有志の子弟教育をしていた時だ。

この『古本大學』は、維新後も。小阪部塾等でも講義されたようだ。『山田方谷全集第一冊』

AS　有能感・自立性・人間関係：米国心理学者デシは内発的動機づけ三条件にこの三つを挙げている。他律的動機づけでなく、内発的動機づけこそ大切。

に載っている。

『古本大學』とは

一般的にいう『大学』と『古本大學』について、別著『古本大學』（山田方谷述）の「はじめに」で、方谷文を口語訳して述べているので引用する。

「だいたい古書は、混沌として草木の根や花の蕾のようなもので、全体をまとめて説明する必要がある。『大學』もその数に漏れない。でも後の人は、とかく細やかに説明し過ぎる傾向がある。鄭玄《じょうげん》[AT]の注でさえ、古本とは違う所がある。宋[AU]に至っては、理の学問が広がり『大學』の読み方も異なった。この弊害は少なくない。明[AV]の時代になって、王陽明は、良知を以て実に詳しく説いたが、古の意とは違うところがなくはない。

AT　鄭玄：後漢の大儒。漢代経学を集大成し、易・書・詩など主な経書に注す。（一二七～二〇〇）

AU　宋：九六〇～一二七九。中国後周の将軍趙匡胤《ちょうきょういん》が建てた王朝。科挙官僚の文治政治。元に滅ぼされる北宋、南宋時代をいう。朱子（一一三〇～一二〇〇）の時代。理を重視。

AV　明：一三六八～一六四四。元朝を北方に追って建国。王陽明の時代で、心も理も重視。

だから、私が講義するのは、文脈やひびきに従って古本のままにしようと思う。例えば、私が説くのは、草木の根そのままを説こうと思う。朱子と王子は、已に花となり実となったものを説いている。古と今の違いは、たいていこのようなもので、ただ聖人の道だけではない。古書を読む者は、まずこのような心が要る。陽明の活用はこの度は講じないが、朱子の理も陽明の心も、皆含めている。

『大學』とは書の名前で、誰の著述か明らかではないが、孔子の門人かその流れの人の著作に違いない。『大學』の名は、『中庸』のように意味あるものではない。『礼記[AW]』を編集する時、初めに大学の字があったので名づけたものだ。そして、中古の時代、埋もれて目立たなかったが、宋の程朱子が、大いにこれを尊んだ。眼力があったというべき。日本においても、清原頼業《きよはらよりなり》[AX]も、『大學』、『中庸』を見て、後の世も必ずこの書を読むべきだと言った。頼業は程子と殆ど同時代の人だ。達見というべきだ。

AW　『礼記』：周（前一〇五〇～前二五六）末から秦（前二二一～前二〇六）・漢（前二〇六～二二〇）の儒者の古礼を集めた書。

AX　清原頼業：平安末期（一一二二～一一八九）の貴族、儒学者。

○『大學』の「大」の字については、色々な説がある。漢[AY]の鄭玄[AZ]は「泰」と訓《よ》み、たいした、たいそうな学問と読んだ。これまた達見というべき。宋の時代まではこの説に従っていた。程子も別に確かな説はなかったが、朱子に至っては、大学校で教える書物と説くようになった。これは、いわゆる八歳以上は小学に入れ、十五歳以上は大学に入れるという説からきている。王陽明には別の説がある。「大」は大人《たいじん》の「大」で、「大学」とは天地万物を以て一とする君子聖人の学だとした。このように諸説あるが、まず鄭玄をもっとも古に近いとする。すべて古書の名は、後の人が種々工夫したもので深い意味はない。論語もそうだ。」

『古本大學』の概要

『古本大學』は四十三章句からなる書物だ。『論語』とは違い、論説的な文章になっているので、構造化して学ぶと分かりやすい。そこで、『山田方谷全集』にある山田方谷述『古本

AY　漢：前漢（前二〇二～後八）、後漢（二五～二二〇）

AZ　鄭玄：一二七～二〇〇。後漢の大儒。古文学者にして今文《きんぶん》学をも融合し体系的学説樹立。注解書は「周易」「尚書」「礼記」「論語」等々ほとんどの経書に及ぶ。

大學』は、段落を意識して記述してあったので、それに不肖私が見出し等をつけ、章別けもし、それを構造化させていただいた。

このようにして概観してみると、私自身は分かりやすく読み取りやすかったので、皆様にご紹介させていただいた。詳しくは、別著『古本大學』（山田方谷述）を読んでいただき、お導きいただければ幸いだ。

古本大学の構造　　（　）内は章句番号を示す

第一章　古本大學の概要（1・2・3・4・5・6・7・8）
　三綱領・六条目・致知格物
第二章　誠意
　一　誠意とは（9・10・11・12・13）
　二　三綱領の証拠（14・15・16・17）
第三章　正心・修身・斉家・治国
　一　正心・修身（18）

二　修身・斉家　（19・20）
三　斉家・治国　（21・22・23・24）
第四章　平天下は絜矩の道
一　絜矩の道　（25・26・27・28・29）
二　財用の取扱　（30・31・32・33）
三　人の選用　（34・35・36・37・38・39）
四　財用の取扱、まとめ　（40・41・42・43）

このような構造の、全体の概要は、次の八章句にまとめてある。

1　誰もが敬い引き付けられる度量も器量もある泰《ゆた》かなリーダーとなる方法は、自分に誠を尽くすこと即ち自ら修養することだ。

2　自分以外の人を思いやり誠を尽くし皆が生き生きとして、豊かで幸せになるよう親しむことだ。

3　1・2の明徳・親民の至善に止まり動かないことだ。例えばリーダーなら仁に止まることだ。

4　3の至善に止まるところを知れば、意は迷わず動かず定まる。定まれば心は静かになる。心静かなれば落ち着き安らかになる。安らかなれば、よく慮《おもんばか》り（考えられ）善い考えが出てきて実践し成果を得られる。これが致知格物《ちちかくぶつ》。

5　物には天下、国、家、身、心、意があり、根っこの本と枝葉の末とがある。その物の仕事にも本末である終始がある。だから手を下すべき順序を知ればどこから手をくだせばいいのかがわかる。

6　1の明徳を、天下に明らかにせんとする者は、まず国を治める。国治めるには、まず家を斉《ととの》える。家斉えるには身を修める（とかく我身を修めず我身以外の物を修めようとするがこれは自然ではない）。（身は心に本づくので）身を修めるには、まず心を正す（偏《かたよ》らず、好き嫌いなどの身勝手な私念を去る）。心正すには、心の働き出る処で知覚感応の本の意を誠にする。誠は、明徳を明らかにする根本で、工夫点は「自ら欺かない」にある。だから知を致《いた》し物の順序を格《ただ》す。

知を致すとは、知は物を知り弁《わきま》えることで、致すは定静安慮に至ること。だから知を致すには物格さざるを得ない。この二者に前後はない。

7 （前節は逆条目で、この節は順条目。前節は「欲」、「先」の字をもって逆に説き落とし、この節は「而后」をもって順に説き上げ、最後に平天下の結果を顕し、前節「明徳を天下に明らか」に重なる。これで我と天下が一体となり、我意が一寸進めば、心・身・家・国・天下が一寸進むとわかる。文意は順逆の違いだけ故省く）

8 天子より庶人まで、我身を修める明明徳（誠意・正心・修身）を根っこの本となす。その本が乱れて枝である末の親民（斉家・治国・平天下）はできない。又厚くするところの家を斉えることをおろそかにし、薄くするところの国天下を治めることは、これまでにできた例がない。これを本末の本を知るという（これを物を格す、といえば分かりやすいが、格物は致知に連れ沿うもの故、その意は本に備わる）。これを良知を致すのできあがったものだという。

方谷の生き方考え方、意を『古本大學』に照らし「本」の学びを探る

方谷は、二つ目の随筆の最後に述べた、切磋琢磨して身を修め

「何をいかに為したらいいのか」

を探るため藩校有終館を罷《や》め三度目の京都遊学という生き方を決意した。何かしら現状の問題解決のため、藩校講学内容の糸口をさがすため、何かは分からないが何かを求め学ぼうと決心したのだと思う。

こういう工夫努力の行動することを、格物《かくぶつ》、物《もの》を格《ただ》すという。物とは、自分の立ち位置にある所属組織などのこと。例えば、国の長なら国、家の長なら家、班長なら班、部長なら部、藩校会頭なら藩校や藩のこと。格とは、格《ただ》すことで、自分なりに自分にできるところで、できる所から正し工夫努力の実践をすること。

これが、『古本大學』でいう致知（知良知）格物のことだ。この致知格物できれば、意は誠になる。意が誠なれば心は正しくなる。心正せば身は修まる。身修まれば家は斉う。家斉えば国は治まる。国治まれば天下は平らかになる。と『大学』は説いている。

この誠意とは、欺かないこと。欺かないとは、他人を欺かないだけでなく、自分を欺かないことだ。自分を欺かないとは、例えば厳しい藩の状況の中、両親の期待でもあった士籍に入り藩校会頭を拝命し穏やかな日々を送っていて、「これでいいのか」「これまでの前例に倣い子弟教育していていいのか」と、ふっと、疑問をもった時、「まっ、いいか」と気づかなかったことにすることなどをいう。せっかく良知良心が気づきシグナルを鳴らしているのに誤魔化すことはおうおうにしてある。が、自分をごまかさないで、今後の戒めとしたから、随筆二にあるように、艱難辛苦に立ち向かう心を働かせたのだと思う。

これらは、別著『古本大學』(山田方谷述)『古本大學講義』の第二章に精しく述べているので参照されたい。

誠意が本

これまでみてきたように、わが身の立身出世のためではなく、藩士藩民のため窮状を憂えて自分なりの立場で立つ決心をしたのだと思う。良知良心を誤魔化さず致し志を立て行動(格物)し意を誠にしたのだ。

丸川松隠塾での九歳の時、訪問者に

「学問《がくもん》シテ何事《なにごと》ヲナサント欲《ほっ》スルカ」

と問われた時、

「治国平天下《ちこくへいてんか》」

と答えたその言葉の意味合いが変質し、

「(自分のための功名心である) 私意私欲からの治国平天下でなく、(自分を修め) 明徳を天下に明らかにせんと欲する治国平天下」[BA]

に易わり深化したのではなかろうか。

この『古本大學』で教えているリーダー・指導者となる方法は、明徳を明らかにすること、つまり自分に誠をつくすことであり、民に親しむことつまり人に誠をつくすことである。そして、明明徳と親民に止まる止至善だと教えている。

そして、物に本末あると説く。末は天下で本とは身を修めることだとし、その本乱れて末

BA　明徳を天下に・・・:『古本大學』6、7、1章句を参照されたい。

は治まることはない、と説く。

また、身を修める「本」の更に「本」は、誠意だと説く。

方谷が『古本大學』の講義をする際などは、必ずまず王陽明撰の『古本大學序』を講じた。

その冒頭には、

「大學之要誠意而已矣」

「大學《だいがく》の要《よう》は誠意《せいい》のみ」

【大学の肝腎要のところは誠意だけだ】


と断じている。

つまり、組織リーダー・指導者に必要な本となるものは、誠意だということだ。私意私欲を除くことで、自分も含め皆の幸せを実現する覚悟をもつことだ。そうでなければ、そういう立場に立つべきではないということだ。もちろん、私利の為に権力を握ろうとするのはもっての外で言外だ。

イスラエルの世界的歴史学者ハラリは、危機にある時こそ、自由、民主主義のため権力の独裁を戒めている。それが破滅につながることは歴史が証明しているからだ。そこには、私利私意を制限する民の目と行動、そして情報の透明性を訴えている。今の時節、心しておきたいことかもしれない。

誠意は内発動機づけ

さらに、私が誠意を「本」とするのは、誠意は、人々を豊かに幸せにしたいという内発的動機づけと捉えるからだ。今、企業、学校などで重要視されている概念だ。

動機づけ（モチベーション）とは、人が目的や目標に向かって行動を起こし、達成までそれを持続させる心理的過程をいい、人の内部に沸きあがる欲求から起こる動機づけを内発的動機づけという。この要因は、主に人間関係、自立性、有能感の三つから成ると言われている。人間関係がよければモチベーションは上がる。また、強制されたり命令されるのではなく、自立性つまり、自己決定あるいは自己選択すると、モチベーションは上がる。そして、小さな達成感を連続して得る有能感は、モチベーションを上げる。

誠意は、人間関係を善くし、自然なりに良知良心なりに致し格物するので自分を欺かず後ろめたさなく快い。しかも誠意ある行動は自分なりに納得できる達成感を得られる。

だから、リーダー・指導者が誠意を「本」とする経営をすれば、一人一人が誠意を「本」とするようになり、生き生きとし、皆の内発的づき付けは強くなり成果は上がり続ける。

つまり、誠意の「本」は、理を立て、内発動機を強くし、成果を上げ続けることになると思う。誠意を「本」として事にあたる人は、艱難辛苦も乗り越え、功成るのは、他からの褒賞などではなく、内発的動機が強いからだと確信できる。知識・技術、能力だけでなく、この生き方考え方こそ「学習に向かう力、人間性等」ではなかろうか。

二十六歳の時の随筆には、誠意が湧きだしているように思える。この生まれながらもっている良知からくる意を私意に走らせないで自然なりに誠のままにして、内発的動機づけとし学べば学も広まり深まり続ける。それは、更に自己実現となり、更に更に連続の私利のみを求めない真の英俊雄傑の自己実現となっていったのではなかろうか。

方谷の孫弟子も致知格物し意を誠に

この章の最後に、方谷の門人三島中洲が『伝習録』より抜き揮毫し、その門人に贈った軸を先輩教師、私にとっては教師としての恩師角ノリエ先生宅で拝観させていただいた、その文を紹介する。

軸を贈られた方は、二松学舎に学んだ三島中洲の門人で、角弥太郎という。

この方は、明治時代茨木・日立鉱山の煙害による大気汚染に苦しんだ地元住民と、国策として休むことなく稼働し続ける鉱山をめぐる問題で、対立しながらも解決した人だ。煙害を防ぐために、世界一の大煙突を建設することで会社にとっても、住民にとっても、国にとってもＷＩＮとなるよう問題を解決していった会社の担当者だった人だ。このまさに義と利を合一した三島中洲の教えそのものの取り組みの実話は、後に新田次郎の『ある町の高い煙突』の小説となり、昨年同名で映画化された。その映画鑑賞会場のロビーに展示されていたものを観て驚いた。山田方谷全集の編著者である山田準が角弥太郎顕彰の碑文に刻む文を贈っておられたのだ。千二百人があつまったその会で、我恩師に出会った。

その方は、その弥太郎氏が義父にあたる人で、鉱山を退いて後、広島県府中市に帰っておられた。師は、神石高原町から嫁がれ教師をされていた。毎日学校から帰ると玄関で義父に迎えてもらい、「今日はどうだった？　人を教え育てるということはむずかしいよ」、と言って様々な生き方考え方について示唆を与えてもらった、ということだった。私は、新任の時、他校ながら朝会から夕会まで一日中参観させて頂き、その師に子供の見方、教師の在り方を教えていただいた。子供が主体的に学び自立自律する授業づくりや学級経営が少しはできるようになったと思っている大恩人だ。

今、思うと、山田方谷の良知良心なりの誠意を「本」とする藩政革新は、藩士藩民の主体性と協働性、やる気を伸ばし、しかもワンチームでそれぞれの務めに精励する活潑潑地の態度づくりだったともいえるなあ、と気づく。それは、三島中洲につながり、弥太郎氏につながり、そして我師につながっていたのかもしれない、と思う。師の授業風景は今でも鮮明に残っているが、まさに、今求められている主体的協同的な深い学習だった。先生が問題を投げかけると低学年の子たちが、子供同士の根拠づけた議論で解決していくのを、議論の外に立ち流れと解を評価されながら解決に導かれていた。これは、国語、算数、理科等だけでなく一日の問題を出し合い解決する夕会でもなされ、各教科の問題解決力だけでなく、生活上の問題解決で人の生き方考え方、心等や学級風俗を正す指導にもなっていた。さらに家庭で主体的に復習と繰り返しドリルで定着を図る。このような指導が成立するためには、学級の受容風土と秩序[BB]つまり、思いやりと自立自律の主体性が必須だ。言い換えると人間力が要

BB　受容風土と秩序：石井英真著『現代アメリカにおける学力形成論の展開』においてもその重要性を今、提唱している。

る。その義と学習成果の利である知識だけでなく思考力等能力、さらには学習に向かう力が育まれて義利は合一だったと、今、気づく。ちなみに我師が授業公開されると、全国から二、三百人が学びに来られていた。先日の映画鑑賞会の最後に杖を片手に壇上に上がり挨拶される姿にその当時の意気が感じられた。師の教育への熱い想いは今も変わらなかった。

先日訪問し、三島中洲揮毫の角弥太郎君へと記された四句訣《しくけつ》の軸を拝見させていただいた。今、私自身墨書して部屋に掲げ味わっている。

無善無悪是心之體　善《ぜん》無《な》く悪《あく》無《な》きは是《これ》心《こころ》之《の》体《たい》　（体とは生まれつきのもちまえで善悪無し）

有善有悪是意之動　善《ぜん》有《あ》り悪《あく》有《あ》るは是《これ》意《い》之《の》動《どう》　（善悪有るのは意が動くから）

知善知悪是良知　善を知り悪を知るは是《これ》良知《りょうち》　（善悪を知るのは良知）

爲善去悪是格物　善を為《な》し悪を去るは是《これ》格物《かくぶつ》　（善を行い悪を去るのが格物）

第三章　士も民も救える実用本学を求めて

第一章で生い立ちから、第二章で二十六歳の時の随筆から、方谷の生き方考え方をたどって、私欲の蔽いを除いた誠意という「本」が磨かれていったことがわかった。それは、三度目の京都遊学につながっていったと考える。

我々が今、大人として学ぶ点は、愛着形成と身の周りの自立・精神的自立を促しはぐくむ大人としての生き方だ。そして、当人としては、どう生きるか、経学等により意識・考え方・生き方を日々磨き自立するとともに、他の人や社会の中でよりよく生きるよう自らを修め磨き続けることだと思う。

さらに我々は、方谷が三度目の京都遊学を決意し決行したことや江戸の佐藤一斎塾で学んだことを紐解いて、学び、自らに活かすことができると考える。

一、目的意識を強くもち京都遊学

藩の窮状救うことにつながる確固とした目的意識もった遊学

◆二十七歳、天保二年（一八三一）

【七月、三度目の京都に遊ぶ。】

◆二十八歳、天保三年（一八三二）

これまでの学問に疑問点があるのを感じ、もっと深めたい、日常に役立つ学びはないのか、藩士藩民を豊かにできないかという問題意識、目的意識をもっての遊学だと確信する。だから、それまでの寺島白鹿門だけでなく、

【鈴木遺音《すずきいおん》[A]の門に出入りし、春日潜庵《かすがせんあん》[B]等幅広く師友と交流し、これまで学んだことのない知識や考え方の人と出会い講学[C]した】

と記されている。

ちなみに、現在の教育基本法第二条第一項の目標には

A　鈴木遺音：程朱学を奉じる。朱子学と神道を融合させた山崎闇斎学の流れを汲んでいた。

B　春日潜庵：京都久我家の諸大夫。儒学者。陽明学を志し佐藤一斎らと交遊。安政の大獄に連座し禁錮。後奈良県知事。

C　講学：学問を研究すること。

「幅広い知識と教養を身につけ、真理を求める態度を養い、豊かな情操と道徳心を培うとともに、健やかな身体を養う」

とある。偏ることなく科学的に証明された真実を幅広く学び、幅広い知識・教養を身に付け総合的基本的な知識、能力、道徳性及び健康を身につけ、変化の激しい不確実な時代に生き抜く生きる力を育てることをねらいとしていることとつながるような気がする。

いつの世も学びの本質は変わらず、不確実な時代だからこそ変化に応じながらも本質的なピンと張った経糸の「本」となる学びは易わらない。

藩及び藩士藩民のために自分を尽くし学び役立つため、その意を至善に止め、定め、心静かに安らぎよく慮《おもんぱか》り考え[D]、三度目の京都遊学を発心した。

これこそ自らを欺かない誠意そのものだと思う。この誠意が、ずっと衰退することなく生涯を閉じるまで続いていることに感激、感動する。学び続けたからだと思う。

D　至善に止まり、定まり静かになり安らぎ慮る：『古本大學』の4章句参照。

後の元締拝命後、これら良知良心を発揮し致《いた》し今の立場から格《ただ》す、つまり意を誠にした改革は成果を上げ続けたのだと確信する。だから、どんなときもこの時以降様々なところでその誠意は条理を立て[E]、綱紀を整え政令を明らかにしたのだと思う。つまり整った態勢となり、具体的政策となり具現化されていったから、成果を上げ続けたのだと思う。

誠意が「本」の生き方考え方は、組織の目的が明らかになる。誰がどういう状態になることなのかという。それをどうしても実現するためには、現状を知り組織の根本原則である綱紀を整える必要がでてくる。総務面、財務面、現場面、対外折衝面、職員の健康面、コンプライアンス面等々態勢を整えそれぞれの目的を明らかにする。そしてそれぞれの任務を整合調和させ、それぞれが職務内容を理解し生き生き活動すれば発展し続け成果を上げ続けることになる。そのためには全体として、又、それぞれの部門で根拠をもとに具体的プロセスを設計し、評価基準を設定し、実践評価改善を繰り返し、必ず成果を上げ続けるまで工夫努力する内発動機づけが要る。それは誠意でもある。

E　誠意は条理を立て：『古本大學序』の10章句参照。意が誠なら自然に条理が立って、格物しなければならなくなるもの。

『擬対策』・・・藩の窮状を救えるのは、トップツーによる

この歳の年譜に次のように『擬対策』を載せている。『対策』とは、昔の中国の官吏登用試験のことで、擬とはまねると言う意味。つまり、昔の中国官吏登用試験に真似て藩の窮状を救う解決策の論文を書いているのだ。

「先生《せんせい》當時《とうじ》時事《じじ》ニ感《かん》ズル所《ところ》アリ、擬《ぎ》對策《たいさく》二《に》千《せん》餘《よ》言《げん》ヲ草《そう》ス」と。

その内容を概述する。

【経学の一つの『易経』に、「平らかにして傾かないものは無く、往きて返らないものは無い。苦しみ悩んでも正しいことをすれば禍《わざわい》は無い。」しかし、その泰平の世も上からの政令が乱れると、「城の壁は破れて元の堀に返ってしまう（国は乱れ滅びる）」という

のがあります。ここまでを読んだら震えるほどのおそれを抱いたのです。宋の司馬光《しばこう》Fは、「風俗は国の大事だが、平凡な君主はこれをおろそかにする」と指摘しています。衰乱の理は、古今の定理で永遠の常道です。そこで、古の聖人は易で変化の兆《きざし》を観たのです。

今日、始めてこれを見ました。江戸幕府ができて二百年。今は泰平で盛の極みです。この次には衰乱がやってくることを言う者はいません。が、現状の風俗をよく観ると、士は義を忘れ利にはしり乱れているようです。

この風俗の変化は、利を好む心からです。その由来するところの多くは、財用の道が塞がり藩公も藩役員も士も貧しさに苦しんでいるからです。この財用の窮乏を救う術は本を止め源を塞ぐことです。それは、賄賂が公に行われていることと、奢り贅沢の二つです。古来よりの前例に照らし、今日の現状にあてはめると、衰乱は始まっています。しかし、なかなか取り除けるものではありません。だから、財用の窮乏は救えないし士風の衰えは奮い立たないのです。衰乱の兆は決して止められないのです。

F　司馬光：北宋の政治家・学者。『資治通鑑《しじつがん》』の撰述にあたる。

これを改める方法は、明主と執政大臣にあります。この二人が心を協せ考えを同じにして、猛省し深く察し、時時に改め時時に正すことにあります。その概略を述べると、明主は穏やかで私意を少なくして嗜好の欲を我慢するのです。そうすると世の中の贅沢、おごりは止めることができます。大臣はきちんとして私意なく正しく、私ごとで高い位の人への面接をしない。そうすると、世の中の賄賂は禁じることができます。

そもそも明主と大臣は、世の中の善悪の本です。天下の民はその好む所に従い、饗応をつつしみます。スピード感もってすぐに実行すべきです。意を誠にしてこのことに留めることです。世の中の本はここに在ることを知ることです。身を修め心を正して人々の上に立つのです。日々飽くことなく努めることです。そうすれば衰乱の兆はなくなります。

私如き雑草のような者が身に過ぎることを述べるのは、君を尊敬するがゆえに小さな志でも黙っていられないからです。あえておそれ憚る事を避け、万死に値するほどの天下の事を論じます。ただ小さな視野からの言で採り上げられないのは覚悟のうえです。

しかし、治まるか乱れるか、泰《たい》か否《ひ》か[G]の変化の理[H]は、自然の常道です。昔の一人の聖人の私言ではありません。伏して願います。倦むことなく、意見する路を開き、素直な臣を推挙し、天下の智恵を採り上げてください。そうすると、忠言や優れた企画が日に日に説かれていくようになり、政事の欠点、風習の弊害などは日々改まるようになります。しかし、言うまでもなく、問題を整理し筋道たてて論じ、評価が無ければ変わりません。また、正しくなければ変わりません。衰乱はやってきます。

　これが今日献ずることばの本旨です、】と。

要約すると、今泰平盛んで衰乱の兆がある。なぜなら風俗が乱れているから。その風俗の乱れは利を好むから。なぜそうなるのか。財用衰え貧しさに苦しんでいるから。この財用の窮乏を救う術は本を止め源を塞ぐこと（私利を貪るを去ること）、具体的には賄賂が公に行わ

G　泰か否か：易経六十四卦の泰卦と否卦。泰卦は上下よく交わり万事思い通りになる。否卦は上下否《ふさ》がるので閉塞の時。卦の変化の順番は泰から否になっている。怠ると盛者必衰の理のこと。

H　理：ことわり。法則性。日々易《か》わらないものはなく、その変化のしかたに易わらない法則性がある。これを理という。自然現象や社会現象日々変わるがその中の理を理科で社会科で学び活かす。

れていることと、奢り贅沢の二つにある。

この衰乱の兆ある現状を改める方法は、二つある。

一つは、明主と執政大臣が心を協せ目的と手段を同じくして猛省し深く察し、時時に改め時時に正すこと。詳細をいうと、明主は嗜好の欲を我慢する。すると、世の中皆贅沢おごりは止められる。大臣は私意無く正しく、私ごとで高位の人と面接しない。すると、賄賂は禁じることができる。

二つ目は、治乱泰否変化の理は常道。故にトップダウンだけでなくボトムアップの意見する路を開き、素直な臣を推挙し、天下の智恵を採用すること。すると、忠言や優れた企画がどんどんでてきて、政事の欠点や風俗の弊害も改まり皆は生き生きとして働き生活するようになる。結果、士民豊かに幸せになり藩国栄える、ということだ。

私は、これまで、『擬対策』については年譜の中の三行の要点しか読んでいなかった。この度、『山田方谷全集』の漢文原文の全文を読んで、感動、感激した。単なる窮乏の現状を救うノウハウを論述するだけではなく、篤い誠意から湧き出てくる「理」を筋道立てて論じているところに感動、感激したのだ。誠意も理も利も論じているのだ。故に誠意の至り「至誠」を感じるとともに、藩士藩民の豊かさ幸せを念う思いやり「惻怛《そくだつ》」を思い浮かべた。そして、この論文は、幅広い知識である『易経』、そして、『古本大學』講義の内容をそこらじゅうで駆使しているのを読み取った。この度は『古本大學』で筆をもったが、いつか機会があれば浅学非才で拙い乍ら『易経』や『中庸』に照らしてみる挑戦もしてみたいと思う。そこで、『古本大學』との関連からみると、

30章句に

「君子は先ず徳を慎《つつし》む。徳有れば此れ人有り。人有れば此れ土《ど》有り。土有れば此れ財有り。財有れば用有り。」

【君子は先ず徳を慎む。即ち意を誠にする。徳有れば人間ができてくる。人間できれば、人材も育ち土地や諸生産手段を治めることができるようになる。土地や生産手段治めることできれば財を生む。財を私用せず民に運用すれば発展し続ける。】

とある。

このように『擬対策』で述べたツートップが徳を慎む即ち誠意あれば、人材が育ち生産手段を治め生き生き活溌溌地で業に勤しみ、財を生むようになる。その財を上の者が私用せず、

民にも全員にいくようにすれば、どんどん発展し続けるという。まさに、組織論でいっても活性化の秘訣がここに示されている。だから、多くの企業人が古典を学ばれる所以がここにある。

さらに、３１章句では、

「徳は本なり。財は末なり。本を外にして末を内にすれば、民を争わしめて奪うことを施す。」

【（財の運用は、それを治める人がいて財用だから）徳が本で財は末。徳とは誠意・正心・修身のことで本であり内、財用は治国平天下のことで末で外。徳を外にし財用を内にすれば民に争奪を奨励することになり治まらなくなる。】

という。

結局組織経営は、誠意が「本」であり、絜矩《けっく》の道《みち》は必須だといえる。権力をもつ者が、組

Ⅰ　絜矩の道：人の心を推しはかり苦しみ痛みなどを想像し共感し、思いやること。人のいやがることはしないこと。恕《じょ》。

織員のための絜矩の道に沿う具体策を考え予算づけをしているのか、単なる思い付きの根拠もない人気取りの具体策なのかは、いずれ成果において必ず現れてくると思う。

このように、この『擬対策』で示した解決策はツートップ次第だ、という内容は、更に、この後の学につながる。

◆二九歳、天保四年（一八三三）

【夏、病を京都洛西で療養し柳宗元《りゅうそうげん》の文を愛読した。】


とある。

柳宗元とは、唐代中期の文学者・政治家・思想家である。唐は、初唐・盛唐・中唐・晩唐の四つにわけられるが、その盛唐後の中唐に生きたのが第九代徳宗皇帝の時官吏登用試験進士に合格した柳宗元だ。第六代玄宗皇帝は、中国史上最もよく治まった第二代太宗皇帝の貞観《じょうがん》[J]の治を手本として絶頂期を迎えていた。が、安史《あんし》の乱[K]以降、地方官や中央の宦官《かんがん》が益々力を強め国は乱れた。そこで、第九代徳宗皇帝、十代順宗皇帝のもと柳宗元は、改革派官吏の一員として改革に取り組み始めていた。が、既得権益を守ろうとする守旧派の反撃により、辺鄙な地方永州に左遷され、長きに渡って活躍の場がなかった。

しかし、そこでは多くの書を書いている。その内容は、占いや星の運行で戦いの時期や失脚・死亡を予言するなどは非合理に満ちていることや、事実の真実性や合理性を大事にすることなどである。また、媚びることを戒めている。そして、人の登用は、位階や血筋によらず人材本位に行うべきで、聖人と普通人に絶対的な差はない（誰でも聖人になれる）。社会の変化に対応する「中」という「当たる」という概念で「中庸」「時中」「中正」等の思考判断の在り方を説き、占いや邪悪を拒絶した等々である。

それから十年近く経って柳州《りゅうしゅう》の地方の長官に位置付けられてからは、政務に没頭した。百年前に寺が火災で焼失してから地域の人々が怪しげな神を信じ、多くの生贄を祭るようにな

J　貞観の治：『貞観政要』がある。中国唐代に呉兢が編纂したとされる太宗の言行録。日本語に訳され大いに影響を受けた。

K　安史の乱：七五五〜七六三にわたる唐の地方官節度使安禄山とその部下の史思明による大規模反乱。

り風俗が乱れていた。そこで、まず寺を復興し民の百年にわたる奇習から決別させ、仁愛の心を大切にした平和で安心安全な生活ができるようにした。そして住居を建て、土地を開墾し作物を植え、特に三万本もの竹を植え生活や農耕に役立たせるようにした。また、奴婢の開放・治水灌漑などをして民の生活を豊かに幸せにした実践家だ。

彼の考え方は、「聖人の意は人に在り」というように人つまり民を基とすることに真意を置き、仏教の庇護者でもあり、儒学、諸子百家、仏教などに普遍する道を求めたと言われている。方谷は、これを愛読したと年譜に記してあるが、士民撫育の考え方はこれらからも影響しているのではないかと思う。

方谷は、宋元から何を学んだのか想像できる。

一つ目は、国全体の人々を豊かに幸せにすることが国を豊かにすることになるということ。つまり士も民を豊かにするということだ。

二つ目には、守旧派の立場の人を攻撃排除して一気に改革を進めることではなく、守旧派とか、何々派とか関係なく、この人たちと折り合いをつけながら進める方策を探るということだ。つまり、オール松山藩でいくことの大切さだ。

結局これらは、藩政改革に実用されることになる。これは、士民全ての人を大切にし撫育する考え方でもあるとも言えるかもしれない。

更に、この二十九歳の秋には、『伝習録』を読み、若干抜きだし箇条書きし自序を作り志を書いたようだ。そして益々志は固くなり、十二月、三か年の江戸遊学許可を得、出発し江戸藩邸に留まる。

二、実用学を求め、江戸遊学へ

◆三十歳、天保五年（一八三四）

一月、佐藤一斎塾に入門することができた。

佐藤一斎は、二十四歳頃朱子の『大学章句』に疑問を覚え、『礼記』にあるままの「古本」を読み進め、三十数年をかけて文政十二年（方谷二十五歳）『大学欄外書』を書き終えた。また、日を置くことなく約五年をかけて王陽明の『大学古本旁釈』の補訂を完成した。このことから、わかるようにただ単に陽明学に傾倒したというのではなく、朱子の「大学」を学び、純粋に疑問を覚えたので、自らその問題点を整理し自ら解決しようとしたのだと思う。そうこうしながらの約三十年後に王陽明の『大学古本旁釈』を入手し、その補訂の作業に入り、これら二つの執筆を並行して進め、五十七八歳頃同時期に書き終えている。故に『大学欄外書』の内容は、朱子と陽明双方の是を採り非を斥ける、いわゆる陽明学の成果を朱子学に併せ採り入れた一齊学としての考え方になっている。後の天保十二年七十歳にして幕府儒管となり昌平黌《しょうへいこう》[L]教授となる。

方谷は、この塾で、佐藤一斎が長い年月をかけ幅広く学び深く学び、熟慮した実用学とも言える『大学欄外書』と『大学古本旁釈補訂』を、おそらく貪るように読み学んだことは想像に容易い。経済（世を経《ととの》え民を済《すく》う）の書とも言えるこの本を学んでいるからこそ、次に示すようなエピソードになったのではなかろうか。

この家塾佐藤一斎塾では、多くの優秀な人が学んでいた。その中の佐久間象山[M]と議論し

L　昌平黌：昌平坂学問所。幕府直轄の学問所で主に旗本・御家人の子弟を教育した。

M　佐久間象山：幕末の思想家・兵学者。儒学を佐藤一斎に学び、また、蘭学・砲術に通じ、海防の急務を主張した。安政元年（一八五四）門人吉田松陰の密航計画に連座し幽閉。のち許されたが、元治元年（一八六四）攘夷派の浪士に暗殺された。

てお互い譲らなかったエピソードがある。

ある日の夕刻、象山が、

【今、経世の手段は、西洋の学をさしおいて他にはない】と言うと、方谷は

【経世の道は我儒で足りる】と夜通し劇論した。

【一斎先生は、隣室でひそかに盗み聞きをしていた。このようなことが連夜続き、舎生はそのやかましさに堪えられず、先生に止めるよう頼み込んだ。一斎先生は、にっこり微笑んで「すておきなさい」と言われた】

という。

このように、皆それぞれが目的意識をもって篤く学んでいたようだ。後に方谷は塾頭を任されるほど、学を深めた。

『理財論』・・・財の内に屈せず、財の外にたつ経営

この江戸遊学中に書いた論文が『理財論』だ。

つまり、明確な目的意識をもつからこそ問題意識をもち、そして、幅広く学ぶ中から実用できるものを求めた三度目の京都遊学で得たのが『擬対策』という成果物だ。それを得た後、さらにそれを深めるための江戸佐藤一斎塾への遊学でまとめた成果物が『理財論』だ。

その概要を記す。

『理財論』上

【現在の国の理財の状況は、細かく課税し節約できるところはしているが窮乏している。

なぜか、

善く天下の事を制する者は、事の外に立ち事の内に屈しないものだ。でも今の理財は、ことごとく財の内に屈しているからだ。説明すると、太平の世が続き生活は安穏としているが、財用だけは憂いだ。だから、このことを救おうと関心はこのことに集中し、他にはいかない。

しかし、現状は、

㋐ 人心は日に邪《よこしま》になっても、正すことができない。

㋑　風俗が日に薄くなっても、敦《あつ》くすることができない。

㋒　役人は汚《けが》れている。

㋓　物敝《やぶ》れても、検《あらた》めることができない。

㋔　文教は廃《すた》れている。

㋕　軍備が弛《ゆる》んでも、興《おこ》すことができない。

これらは、藩国経営の大きな法で、修善しなければ、綱紀は乱れ、政令はすたれ、財用の途も何によって筋道たてればいいかわからなくなる。

（解決策として）

今明主賢相、誠によくこれを省みて、超然と財利の外に卓《た》ち出入盈縮《しゅつにゅうえいしゅく》は一、二の有司に委せ、その収支の概要を時時に評価することに過ぎずして

㋐　義理を明らかにして、人心を正す

㋑ 浮華《ふか》N を取り除いて、風俗を敦《あつ》くする。

㋒ 貪《むさぼ》る賂《まいな》いを禁じ、官吏《かんり》を清くする

㋓ 撫字《ぶじ》O に務めて、民物P を贍《ゆたか》Q にし

㋔ 古道《こどう》R を尚《たっと》び、文教を興《おこ》す

㋕ 武備を張る

こうすれば、綱紀は整い、政令は明らかになる。すると、藩国経営の法は修まる。それにしたがって、財用のみちも通じる。

これは、才知すぐれ事理に明るく特に優れた人でないかぎりできない。（『擬対策』の

N 浮華：うわついていて華やかなこと。外面だけ華やかで実質のないこと。

O 撫字：撫はいつくしむ。字もいつくしむ。藩政改革において、士民撫育という概念が重視されているが、この時に撫育の考え方が述べられている。

P 民物：民の物。物とは、ものごと。生活や職業活動等か。

Q 贍：豊か。富む。足りる。財物を与えて助ける。

R 古道：昔の道理。今の弛んだ意識を改め義も利も重視した古の経学。

ツートップしだいだ、に通じる）】

『理財論』下

【貧しい弱小国が上下ともに苦しんでいるとき、綱紀を整え、政令を明らかにしたいと思っても、飢餓と死亡とが先にせまってくる。それを免れるのは財以外ない。

それでも、それを免れるのは、財の外に立ち財以外を謀るのは遠回りではないのか。そうだ。古の君子は、義と利を分けることを明らかにした。綱紀を整え政令を明らかにするのは義。饑寒《きかん》死亡免れるを欲するは利。君子はその義を明らかにして利を計らなかった。孟子も、大国に挟まれた弱小国が侵略されそうで、どちらに仕えたらいいか尋ねられたとき、善政を勧めただけだった。つまり義を明らかにすると守るものは定まる。これは今も昔も変わらぬもの。

このようなことは遠回りでまちがいだ、私には理財の道があり飢餓死亡を免れることはできる、と言って数十年。誰一人として藩の窮乏を救うことができたのか（誰一人としてできていない）。】

三島中洲は、脚注で

【先生後に理財をもって天下に名をとどろかせた。たぶん、この二篇を実践しただけだ】

とある。

つまり、これら『理財論』の生き方考え方を、後の藩政に関わったとき実践しただけだ、と言っている。

この『理財論』は、通常の時の組織経営の場合はもちろんだが、混迷の時こそ、重要な組織経営論だと私は思う。平時このような経営をしていれば、有事には、その時その時の状況に応じてちょうどよいその時に中《あた》る合理的科学的な、しかも根拠にもとづく体制、策がでてくる。それは、かけがえのない命を守ることになるものだ。

有事に必要なものは、後の方谷四十六歳の時の藩主勝静《かつきよ》が、全藩士を集めて檄をとばしたときのように、トップの誠意あるからこその危機感と、責任は自分一身にあるという覚悟、そして、何よりも日頃からの各担当や人々との信頼関係だ。このような責任ある立場に立つ

人の覚悟は、古典ではよく説いてある。例えば、『論語』曉曰篇《ぎょうえつへん》に、

「朕《わ》が躬《み》罪《つみ》有《あ》らば萬方《ばんぽう》を以《もっ》てすること無《な》かれ、萬方罪有《ばんぽうつみあ》らば罪《つみ》朕《わ》が躬《み》に在《あ》らん」

【（トップに就いた時）我に罪があれば、それは我一人の罪であって人々を煩わせないで。人々に罪があれば、それは人々の罪ではなく全て私の罪だ】

とある。こんな強い覚悟あれば信頼関係も築きやすい。

　方谷が、四十五歳から元締となり財政部門の革新をしつつ、四十八歳で郡奉行を拝命し、民生部門の組織をイノベーションしたときのように、綱紀を整える体制の、どこに無理がいっているのかを素早く察知することだ。そして方谷が、新しい部局を必要に応じて設置し他担当からそこへ、適任者を集め課題解決していったように補強することだ。それで、他部局もこれまで通りの職務を衰えさせることなく、また、課題の部局も補強され、教育部門も併せ全体として綱紀を整え政令を明らかにし続ける。

　このように体制が整えば、そこで大切なのが、これもまた方谷が藩政革新で実践したように、課題部局での取り組みだ。その部局の上部組織の本部会で方針を示し、公開し、それぞ

れがそれに取り組むが、まず、改めて必要なのは、目指すゴールイメージと取り組みの方策の具体だ。ただし、その方針や方策の根拠となる事実の情報とデータが絶対必要だ。それを正確にできるだけ多く集めるシステムを早急に作り、目指すゴールの姿に照らし早急に具体化し取り組む。とともに評価しながら、それらを、組織内だけでなく、外部へも発信する。なぜなら、その情報を基に、組織内外の皆が一体化することもできる。また、それぞれが課題意識をもって自発的に考え取り組めるからだ。結果、効果は相乗的に大きくなる。

このとき、信頼されないとうまくいかない。そのためには、トップの腹の底からの良知良心からの誠意が「本」となっているかどうかだ。これは日頃の言動でわかるはずだ。トップの意が誠なら、そこから湧き出る理による合理的方策は担当から必然的にでてくる。そして実践評価の意を誠にしてトップからの情報提供も必須だ。その際、必要なら思い切っての修正も情報提供とともに要る。すると、さらに、信頼は深まり、一体感もでる。失敗や間違いを誰が見てもわかるのに誤魔化そうとする姿は、信頼されなくなる。これが、『古本大學』の27章句「民の好む所を好み、民の悪む所を悪む」ということだ。一体感あるワンチームの組織は強い。方谷は、この『理財論』でそんなことをイメージしながら記し、それを後の元締、郡奉行、年寄役助勤となったとき具体化したと思われる。

結局は、皆の幸せを左右するリーダー・指導者は、外に立つ経営で、目的意識問題意識をもちながら、方針を示す。それを受け各担当が考えた方策を評価し激励し、各部局の取り組みを実感とデータで評価しそれを各部局へ返す。同時に傾向をみながら、判断行動すると共に情報公開していくことが必要だと思う。モグラたたきのその場限りの方策や、不十分な皆への情報提供では、皆の努力は徒労におわりやすいし信頼は得られない。ちなみに、新学習指導要領の改訂で、小学校算数科の内容では、情報分析・活用の部分が増加している。よりよく生きるために、その重要性が増している証左ではなかろうか。

このように、どんなときでも綱紀が整い、政令が乱れなく明らかにされ続け、情報が提供され続けることが大切で、危機を脱した時は即元のように正常化している状態で、しかも以前とは違う発展したものに生まれ変わっていて更に発展し続ける組織になっているはずだ。

『古本大學』との関連

『理財論』の要点を一言で言えば、「財の内に屈せず、財の外に立つ経営」だ。

財用が苦しいからと、税の徴収や支出を細かに細かに多くしていっても苦しさから抜け出せない。これは財の内に屈しているという。そうではなく、藩国成立の根本である綱紀を整え、政令を明らかにする、つまり財の外に立つ経営をすると、財用は自然によくなる。具体的には、財用については、一、二人の担当者に任せ、人々の心が邪になり、風俗が薄くなり、役人が汚れ、民の生活がすたれ、教育もおろそかになっている現状から体制と内容を整え、指示命令系統を誠意ある誰もが納得できるものにして徹底することだ、といっている。これが財の外に立つ経営だ。

40章句では、

「財《ざい》を生《しょう》ずるに大道《たいどう》有《あ》り。之《これ》を生ずる者多く、之を食《くら》らう者寡《すく》なく、之を為《つく》る者疾《はや》く之を用いる者舒《ゆる》やかなれば、則《すなわ》ち財《ざい》恒《つね》に足《た》る。」

【（社会の治乱は財の乏と豊にでてくる。財用を取扱う人によるのだが）国の財を生じるには絜矩の道を本とした大きな筋道がある。働いてつくる財を多くして、諸費用を少なくすれば財は多くなる。また、早くつくり、ゆっくり消費していけば財は常に足るものだ。財用を制するにはこの大勘定（収支の総括）を立てることだ。】

さらに、41章句で

「仁者《じんしゃ》は財を以《もっ》て身を発《おこ》し、不仁者《ふじんしゃ》は身を以て財を発《おこ》す。未《いま》だ上仁《かみじん》を好《この》みて下義《しもぎ》を好まざる者は有《あ》らざるなり。未だ義を好みて其《そ》の事終《ことお》わらざる者は有らざるなり。未《いま》だ府庫《ふこ》の財《ざい》、其の財に非《あら》ざる者は有らざるなり。」

【仁者は大道により財を生じる。その財は一己を利さず万民を利せば天下栄え我身も安らぐ。不仁者は、大道で財生じることを知らず我身をはめ込んで無理に我身だけで財をつくろうとする。上に立つ人が仁を好めば、下に感通し、義を好みワンチームとなり何事も成就する。故にその府庫の財は上一人の財ではなく万民の財用となる。】

４０、４１章句とともにこれらは、外に立つ経営を教えている。特に、不仁者は、外に立つ経営を知らず、利を求め小さなことに拘ってせかせかとするばかりで、全体としてはうまくいかず徒労感ばかりを味わうことになる。すると、よけいにやる気もなくなるし風俗も乱れ、諸問題に取り組む気力も働く気力もでにくくなる。

私は、十数年前、新幹線を乗り継ぎ宇都宮まで行き、宿をとり翌朝タクシーで栃木県真岡市桜町まで行き、学んだ出来事がある。それは、二宮尊徳が、困難の末再興させた桜町での出来事を現地で知り、五感で知覚するために訪れたのだ。

尊徳は、小田原で様々な成果を上げた後、下野国芳賀郡桜町（現栃木県真岡市）がひどく荒廃しているので再興救済を命じられた。現地へは家財等売り払い退路を断って赴いたが、なかなか再興ができなかった。水利等の土木工事など万全にできても一番の問題は、住民の心、意識、風俗だったようだ。そこで、意を誠にした命がけの断食で住民の意識も徐々に変化し、大きな成果をあげるようになったと聞いた。己一人がアクセクしても全体の財用はうまくいかない。その組織、地域の全体の意識を変えるには、上の人の誠意、徳が肝だと学んだ。財用の問題は、地域の徳ある綱紀を整え、皆が意欲的に取り組み成果の上がる政策を明らかにする「外に立つ経営」だと思う。

山田方谷全集第一冊で『理財論』を紹介批評している江戸時代の儒学者、塩谷宕陰《しおやのとういん》S も「内外屈伸」の一語は名言だとして『理財論』を評価している言が『山田方谷全集』に載っている。『古本大學』などの経学は、このように実用できる今の時代に大いに学ぶべきものと考え

S　塩谷宕陰：文化六（一八〇九）～慶応三（一八六七）。江戸愛宕山下に生。十六歳で昌平黌入門。松崎《まつざき》慊堂《こうどう》に学ぶ。実用学重んじ時事論じた。嘉永六（一八五三）ペリー来航時献策海防論著す。文久二（一八六二）昌平黌教授。河井継之助は、塩谷宕陰の紹介状をもって方谷を訪ねた。

る。だからこそ、あのハーバード大学で人気ある三講義のうちの一つに東洋哲学の講義があるのだと納得できる。

三、幅広く学び人を育てる

明確な目的意識、問題意識をもった三度目の京都遊学、引き続いての江戸遊学で、自分の経験に照らし、ある程度の納得感をもちその時点での体得感はあったと思う。これらは、『擬対策』、『理財論』にまとめられた。さらには、この成果は藩校で藩士子弟を、さらに遠近農商の篤志の子弟も家塾等で教え育てることに有形無形に働いたと思う。そして、後に藩士藩民の幸せだけに留まらず国の人々の幸せにつながっていくことになる。成果を上げ続けた要因にもつながる。

藩校学頭拝命と家塾牛麓舎開設等で人を育てる

◆三十二歳、天保七年（一八三六）

「十月、有終館学頭《ゆうしゅうかんがくとう》ヲ命ゼラレ、邸《やしき》ヲ御前丁《おんざきちょう》に賜《たま》ウ」

【十月　江戸遊学の期が満ち、藩校有終館学頭を拝命。邸を御前丁に賜った】

とある。

学頭は、会頭を教導し、会頭は句読師を教導し、句讀師は藩幼生の素読教導に当たるのだ。また、学頭は、藩主の侍講をしたり藩士全体への講義も年一、二回あったようだ。

このように、藩校学頭は、藩主はじめ藩士全体に影響力があったことがうかがえる。が、政務の権はないので如何ともできず、ただ、その時点の位置でできることに努めていた。だが、ずっと藩の風土は弛緩していたことが年譜の端々にうかがえる。

『古本大學』との関連

ここで、注目したいのは、藩主板倉勝職《かつつね》の眼力だ。その当時農商家出身者を学頭にまで上り詰めさせれば、本人への嫉妬やいやがらせはいうまでもなく、藩主への反感もあっただろうと思う。しかし、命じた。

３４章句に

「秦誓《しんせい》に曰く、若《も》し一个《いっか》の臣有《しんあ》らんに、断断《だんだん》として他技無《たぎな》く、其《そ》の心休休《こころきゅうきゅう》として、其れ容《い》るる有《あ》るが如《ごと》し。人《ひと》の技有《ぎあ》るは己之《おのれこ》れ有《あ》るが若《ごと》くし、人《ひと》の彦聖《げんせい》なるは、其の心之《こころこれ》を好《よ》みす。啻《ただ》に其《そ》の口《くち》より出《い》づるが如《ごと》きのみならず、寔《まこと》に能《よ》く之《これ》を容《い》る。以《もっ》て能く我《わ》が子孫《しそん》を保《やす》んず。黎民尚《れいみんこいねが》う亦利有《またりあ》らんかな。」

【（秦の穆公《ぼくこう》が人の用い方が悪かったことを後悔し、国の人々に誓った文の）秦誓にいう、もしここに一人の臣がいて、一徹で外にこれといった取り得もないが、心が大きく、争わず人を受容する度量がある。自分より優れた技がある人を我身にあるのと同様に思い一点の私もない。徳がりっぱな人にも、心からこれを好き悦ぶ。ただ口でいうだけでなく、これを容れ同心になる。このような人を選び用いたなら、我一代だけでなく子孫まで安穏にしてくれる。また、民は、利益や成果を身に受けるようになる。】

とある。

やはり、藩主板倉勝職は、方谷の賢才ぶりだけでなく、徳と度量も見抜いて登用したのではなかろうか。後に、継嗣の勝静《かつきよ》の賢臣となり、藩政革新で成果を上げ続けただけでなく、藩校有終館で育てた藩士子弟も家塾牛麓舎で育てた農商家の子弟も育て受容していった。そして、それぞれ登用し、力を発揮させていったから、藩政は創業も守成も成ったのではなかろうか。

方谷は育てられ、そして自ら学び器量も度量も身につけ、へつらいや忖度なく真に組織員のことを思う誠意ある絜矩の道に違わぬ臣となった。だから、生涯民も士も慕う人となった。藩主にも信頼される期待される人となった。

◆三十四歳、天保九年（一八三八）

「藩学教授ノ傍《かたわ》ラ、家塾《かじゅく》ヲ御前丁《おんざきちょう》ノ邸《やしき》ニ開《ひら》キ、牛麓舎《ぎゅうろくしゃ》ト稱《しょう》ス」

とある。

京都の旧師寺島白鹿の子や進昌一郎など遠近、身分に関係なく受け入れたようだ。これは、その当時のこととして大きなことだと思う。特に、朱子学者寺島白鹿の子は、わざわざ京都から入塾しているのだ。しかも、白鹿にとってはかつての門人である方谷の塾へ。三度目の京都遊学では、白鹿塾だけでなく他塾へも出入りし、柳宗元や王陽明の学も学びそれらも含め更に実用学を求め深めるため江戸佐藤一斎塾へ遊学したのだ。その学派としては袂を別けたともいえる方谷のところへだ。方谷は別れたとは思っていなく更に進化進歩しようとしただけだと思う。白鹿は、方谷の聖賢としての資質能力を認めていたと切に思えるし、白鹿もさすがの聖賢だということがわかる。

過日、私は、京都の曹洞宗のお寺の寺島白鹿の墓に手を合わせに行ったとき、このようなことに思いを馳せると、感激したことを思い出す。

更に、もちろん藩校での藩士子弟の教育もしっかりしていたと思うが、農商の篤志ある子弟も教え育むことは、百年の大計という言葉があるように重要なことだと思う。

『古本大學』との関連

牛麓舎の開設は、この時代の変革に大きな意味をもつと考える。先にも述べたが、遠近、

身分に関係なく受け入れた点だ。しかも、おそらく幅広い内容が実態に沿って教授されたことだろうと思うからだ。『古本大學』の

19章句では、

「其の身を修むるに在《あ》りとは、人《ひと》其《そ》の親愛《しんあい》する所に之《お》いて辟《へき》す。其の賤悪《せんお》する所に之《お》いて辟《へき》す。其の畏敬《いけい》する所に之いて辟す。其の哀矜《あいきょう》する所に之いて辟す。其の敖惰《ごうだ》する所に之いて辟す。」

【(家を整え国を治め天下に明徳を明らかにするためには)人皆、身を修めることに在るとは、親愛過ぎれば一方へのみ偏り不公平になる。その人柄や行為が不正なら、賤しみ悪み見下げ悪く仕向ける。かしこまり敬う人には言うべきことにも黙る。哀れむ人にはひいきして外は一切顧みなくなる。おごり人を見下げる人には無関心で不公正になる。】と。

つまり、家柄などで機会を奪うのではなくどんな人にも機会を用意することだ。予断と偏見で人を判断せず、志ある人、社会へ貢献しようと意欲ある人なら誰にも幅広い学びのチャ

ンスを与えることは、後の藩政革新に大いに貢献しただけでなく、明治維新後の日本の在り方に影響を与えた人を輩出したことに大いに学ぶべきだと思う。一部の富裕層対象の学校をつくり、人も設備も他と比較にならないほどそろえエリートを育成しようとする。そんなエリート育成は、真の指導的立場の人を育成することにはならないと思う。人の痛みも苦しみもわかる絜矩の道を有し、努力怠らない人こそ真のリーダー・指導者だと思う。視点が全ての人々にあり、偏りないチャンスを用意し、その中から、自ら困難を克服してでも学び、自己実現し、人の役に立とうとする人を育てるのが真の教育だと思う。

まさに、方谷は、それをした。だからこそ、藩公板倉勝静とツートップで藩政革新の創業を成した後、守成にはいるとき人材は豊富にあった。守成に移行した時には、方谷は、財政面だけでなく、藩政の中枢にいて、守成を率先して行える立場にいた。特に理財面では、元締は人に任せていても、最終的な決済で評価はできるよう「外に立つ経営」の立場にいた。そこで、人を登用し、任せやる気を出させ育て、守成をなしたのだ。

しかも、それらの人は、後に、大激変の後の日本の在り方に影響を及ぼすような、不確実の時代にも大変化の時代にも対応できる人となった。育った。

牛麓舎で学び不確実な時代を生き抜く力を育んだ三島中洲

一人は三島毅《つよし》（中洲）だ。彼は天保十四年（一八四三）方谷三十九歳の時、十四歳で、方谷家塾牛麓舎で学び始めた。牛麓舎ができて五年後のことである。十六歳の時、毅の名を方谷から与えられるほどの人物だった。後十九歳で塾頭となった。方谷が元締役兼吟味役に就き公務に忙しくなってからは牛麓舎の代講をしていた。

しかしわずかな成果に満足する中洲（三島毅）ではなく、二十三歳の時、牛麓舎を辞し伊勢（現三重県）の斎籐拙堂《さいとうせつどう》に従学した。ここには多くの儒の書があり、学問は門人らの自由裁量に任された部分があった。つまり教えてもらうという概念ではなく、学ぶということで、志をとげるための自己学習が基本ということ。学ぶ気さえあれば書籍がそろっていることは何よりの宝ということだ。そこで、それらを片端から読み大いに力をつけ、朱子学に疑問をもつようになったという。そこで、朱子・王陽明の経典解釈と訓詁学《くんこ》T を折衷するようになっ

T　訓詁学：儒学経典の文字や語句を細かく解釈する学。漢代に興り唐代に大成。

たと言われている。

安政三年（一八五六）遊学を終え帰郷していた。あくる年七月、方谷の勧めで成学の後松山藩出仕をすることにして、学資三人扶持を受け、江戸昌平黌に遊学する。

安政六年（一八五九）六月、三島毅昌平黌より還り禄五十石を賜い三十歳の時、有終館会頭を拝命。後、様々なところで方谷を助け藩の為につくす。が、維新となり後の

明治五年（一八七二）、朝廷の徴命を蒙り、方谷に相談すると私意私欲を除き「至聖惻怛」の公の念で働くよう王学抜本塞源の法により励まされ、上京し板倉邸に寄寓。後裁判所長を勤める。中洲は正義感強く、厳正な裁判、血も涙もある判決で、名法官の名が高かった。その後大審院判事などを歴任し、

明治十年（一八七七）、終生の師方谷が没し、帰郷して墓参りをした後、帰京後の十月、漢学塾二松学舎を創立。後年渋沢栄一に宛てた手紙に、

「世間を観れば、洋学盛行漢学絶滅せんとするを慨《がい》U し、一は漢学再興の為、一は自活の

U　慨す：いきどおる。なげく。

為、二百円の涙金を以て邸内に小学舎を建て、背水の陣にて開業致候《いたしそうろう》」

とある。

後塾生も増えていったが、時代の風潮は欧化主義が甚だしく、漢学は衰退していく。ほとんどの漢学塾が廃業する中で、二松学舎はたとえ人数は少なくなろうとも、毅然として続けられ、今日の二松学舎大学に至っている。

また、後に東京師範学校への出講や東京大学漢学部教授などを歴任し、「義利合一論」を提唱している。そして、

明治二十一年、大審院検事となり、再び法曹界に入る。二十九年には、かつて方谷の同門だった東宮侍講《とうぐうじこう》の川田甕江《おうこう》病没後、東宮御用掛になり、次いで東宮侍講となった。このとき、中洲は、感激に耐えず

「君が伝えし学術《がくじゅつ》、皇儲《こうちょ》∨に献《けん》ぜん」

∨　皇儲：皇太子。

という詩を書いている。方谷の学を皇太子に伝える喜びが素直に書いてある。御進講には多く陽明説が用いられ宮廷にこれが用いられたのは初めてだったという。

このような聖賢を育てた方谷の生き方考え方の「本」は誠意であり、それを学んだ中洲の「本」も誠意であり、利を軽んずることなく義と利を合一したものとしたのだ。二松学舎の創立者は三島中洲であることはいうまでもないが、第三代舎長は渋沢栄一、第五代舎長は吉田茂であり、学んだ人は第一回に夏目漱石、第二回に嘉納治五郎などがいたことをみれば、その教育内容と教育力のすごさがわかる。

このように、「本」に誠意あれば、なんとか善きことになるよう内発動機が働き、そこから理つまり筋道だった合理的策を自然に生み、皆のためになる具体に通じることがわかる。学ぶところは、「本」も、時務学もである。義も利もである。時務学とは、時に応じて務める諸科学の学問で今の教科に通じる学問だ。これには必死になるのだが、「どう生きるか」、という生き方考え方、意識を磨く「本」学とともに時務学が進められるなら、双方にプラスとなることは明白だ。ちなみに、学校教育法第三十条では学力定義三要素は、「基礎的な知識・技能」「思考力・判断力・表現力等能力」「主体的な学習態度」と規定し、学習指導要領では、主体的な学習態度を「学びに向かう力、人間性等」と説明している。でもこれが今、絶対的に不足している現状をよくみる。方谷一門に学びたいものだ。

恩ある藩主に誠あればこその上言

◆三十九歳、天保十四年（一八四三）

藩主勝職公に二つのことを上言。一つは、

【飲酒を慎まれ、思慮を省き、時を決めて起臥され生活を整えられ御養生を大切にされるように】と。

二つ目は、

【善い企画も遅ければ無益になるのでお決断を早くされるように】と。

なかなかこのような諫言《かんげん》は、言えないことだ。このころの年譜には、「弛」という字がでてきて藩の風土は弛んでいたことが窺える。へつらいや忖度はあってもなかなかできないのは昔も今も変わらないが、やはり、誠ある人は、できる。『擬対策』に述べている衰乱の兆が観えるのも、諫言ができるのも、誠意が「本」の人だからだと改めて感動する。また、イエスマンやへつらい人ばかりを側近としないで、このような諫言を受け容れる藩公板倉勝職の度量の大きさ、人間力を知ることができる。藩公も誠ある人だとわかる。

また、この年は先述した三島中洲が十四歳で牛麓舎に入塾した年であった。

◆四十二歳、弘化三年（一八四六）

【御近習を兼ねる。】

近習とは、主君の側近くに事える者で、信頼が厚かったことが窺える。

◆四十三歳、弘化四年（一八四七）

「四月、先生鉄砲ノ利及《りおよび》軍制改革《ぐんせいかいかく》ノ要《よう》ヲ感ジ、躬《み》自《みずか》ラ之《これ》ヲ修《おさ》メント欲シ、請《こ》ウテ津山藩ニ遊ブ」

とある。

津山藩に、軍制、砲術等洋式の新しい形式を自ら修めるため訪問し講習を受ける。夜は、有志者のために『古本大學』を講じた。

このことで、方谷は、洋式軍制など技術革新すべきことは、直ぐに身をもって学び身につけていくことがわかる。と、ともにお礼に『古本大學』を有志者に講義するところをみると、『古本大學』の真髄「誠意」の重要性と君子の在り方、財用を含め外に立つ組織経営の実用が詰まったこの書を伝えたかったのだと思う。明治維新後の家塾小阪部塾等でもこの『古本大學』は、塾生たちに求められた講義だったようだ。

第四章　士も民も豊かに幸せにする革新

先にも述べたが、この頃の藩内の風土は、弛みがあったようだ。勝職公に子がなく、

◆天保十三年（一八四二）（方谷三十八歳）

【桑名藩松平定永第八子寧八郎（二十歳）を養子として迎えた。】

とある。その後、

◆弘化元年（一八四四）（方谷四十歳）

【世子、藩主に代わって封に就き政を方谷から聴く】

とある。また、

【暇あれば、方谷を召して『周易』を講義させていた。】

とある。また、

「唐徳宗論一篇《とうとくそうろんいちへん》ヲ作ル。先生請ウテ其手書《そのしゅしょ》ヲ家ニ蔵《ぞう》シテ曰《いわ》ク、辞《ことば》ヲ修《おさ》メルハ誠《まこと》ヲ立ツルヲ尚《たっと》ブコト。公他日為《こうたじつな》ス所、一斯《ひとたびこ》ノ論《ろん》ト相戻《あいたが》ウ者有《ゆう》セ使《し》メバ、則チ其ノ辞ハ誠ナラズト為ス。臣ハ此ニ拠《よ》ッテ或《ある》イハ讜言《とうげん》有ルヲ欲ス。世子善ト称ス。」

【唐の徳宗論の一文章を作る。先生は、その手書きした書をもらい、家に持ち帰って言うには、心伝えることばを修めるということは、誠を立てそれを尊ぶことです。公がいつの日か為されることが、少しでもこの論と違うようなことがあれば則ちそのことばが誠ではなくなるようなことを為されたら、臣（私）は、これによって常に直言しますよ、と言った。世子はよろしい、と言われた。】

とある。

この文意からすると、徳宗とは、二十九歳の頃方谷が京都の洛西で病を養っているとき、柳宗元の書籍を愛読していたのだが、その柳宗元が仕えていたのが徳宗皇帝のことだと推察できる。その皇帝は、均田制が崩壊していく時代に、政治改革を急ぎ、既得権益有する守旧派の猛烈な反撃にあい、失敗した皇帝だ。人も国も豊かにする理念と顛末を多分まとめたものだと推測できる。いわば失敗学として「誠意」の重要性を学んだ文だと推察できる。世子、後の板倉勝静が、トップの在り方等を書いた文をもっておいて、もし論と違うようなことをすれば、指摘しますよ、と励ましている。なんとも父親のような侍講だとほのぼのする。これこそ、真の側近だと思う。忖度やへつらい多い側近しか求めないのは、上の人の徳だ。また、へつらいや忖度で上昇志向を達成しようとする側近は、これもまたその人の徳だ。これでは、私利私欲ばかりで、公すなわち人々のことは眼中にない。衰乱は進む。トップが恥をかくだけでなく民は苦しむ。しかし、方谷は、幅広く学ぶ中で実用の経学を修め続け、誠意を「本」とする君子を目指していたので本気だ。

一、元締兼吟味役を拝命し財政革新

山田方谷は、貧しい農商家出身ながら両親や丸川松隠塾の篤く適切な教育と環境に恵まれよく学び、そして若くしてよく家業に勤しみ、更に幅広く学び異例の抜擢で藩校会頭、学頭を任された。そして、人生五十年の平均寿命を前にそろそろ隠居を考えていた頃、晴天の霹靂《へきれき》の命令を受ける。

固辞するも遂に拝命

◆四十五歳、嘉永二年（一八四九）

【四月、藩主板倉勝職《かつつね》公隠退《いんたい》し、世子板倉勝静《かつきよ》公がこれを継ぐ。】

とある。

「十一月、先生江戸ニ召サレ、元締《もとじめ》吟味役《ぎんみやく》兼《けん》ス命《めい》アリ。先生重任《じゅうにん》ヲ難《な》ンジ、固《かた》ク之《これ》ヲ辭《じ》ス」

【十一月先生江戸に呼ばれ、元締兼吟味役を命じられる。が、重責で難しいので固く断った】

「先生元締ノ大任《たいにん》ヲ固辞《こじ》スルモ許サレズ、遂《つい》ニ命《めい》ヲ拝《はい》ス。」

【先生元締の大任を固く断っても許されず、ついに拝命した。】

とある。

元締とは、会計長官であり、度支《たくし》ともいう。吟味役とは会計官僚で元締の副職。つまり今でいう事務次官だ。私は、このことは重要な意味をもっていると考える。なぜなら、後に藩窮乏の極みの現状を克服するべく藩政改革に取り組むにあたり、まず、実質の藩財収支の詳細を知らなければ、問題の把握はできない。官僚のだしてくる表向きの帳簿等でなく、粉飾決算やどんぶり勘定のありのままを知らなければ取り組みの見通しはたてられないはずだ。理は立たない。合理的な革新計画も実践もできない。つまり誠意ある革新はできない。多分、それを見越して拝命されたのだと思う。こういう覚悟は、易経でいう吉凶悔吝[A]につながり、いずれ吉に向かうことになると私はこれまでの経験から実感した。

さきに、「固辞スルモ」と記したが、なぜそうしたのか。想像は容易につく。年譜に

【代々仕えている家来ではなく、しかも学職出身で財務の要職に就くので、人々の笑い

A　吉凶悔吝：易経繫辞伝にある考え方。起きた問題を兆《きざし》と捉えず、ま、いいかとそのままにしたり、誤魔化したりしているといずれ大凶になる。問題を兆と捉え懼れるほど後悔し、根本から改めているると大吉になるという考え方。ハインリッヒの法則と似ている。

を招いた】

とある。

当時の狂歌がある。

・山だ（田）しBが何のお役にたつものかへ（子）の曰《のたま》わくの様《よう》な元締《もとじめ》

・御勝手《おかって》Cに孔子孟子《こうしもうし》を引入《ひきい》れて尚此上《なおこのうえ》に空《から》（唐）にするのか

農商家出身の方谷は、父は父らしく母は母らしくして育てられ、しかも丸川松隠塾での環境や本人の学びにより人格才能を磨き、しかも主《あるじ》として家業に励みながらも暇を見つけては勉学に励み認められ登用された。そして、藩の窮乏を憂い目的意識問題意識をもち広く深く学び卓越した力量を修めた。この過程、プロセスをみることなく、ただ単にその時の異例の抜擢だけをみて揶揄嘲笑されている。

B　だし：のぼりなどの頭に付ける飾り物。

C　勝手：生計。家計。藩の会計。

『古本大學』の関連でみると、
１８章句に次のように記されている。

「其の心を正しくするに在りとは、身忿懥《ふんち》する所有れば、則ち其の正しきを得ず、恐懼《きょうく》する所有れば、則ち其の正しきを得ず、好楽《こうごう》する所有れば、則ち其の正しきを得ず。憂患《ゆうかん》する所有れば、則ち其の正しきを得ず。心焉《こころここ》に在らざれば視《み》れども見えず聴《き》けども聞こえず、食《くら》えども其の味を知らず。」

【（形ある身を修めるため）無形の心を真直ぐに正しくするには、最も抑えにくい怒りを抑えなければ心がゆがみ正しくならない。恐れすぎると心正しくならず、名声や利を願えば心正しくならない。また先の先まで心配し過ぎれば心乱れ正しくならない。このように感情のため身が修まらないものだ。ただ聖人でも怒りもすれば哀しみをする。怒るべき時は怒り、哀しむべき時は哀しむ。でも済めば何の痕跡も起こさず後に引かない。心がここに無ければ視ても見えず聴いても聞こえず食べても味が分からなくなるものだ。】

方谷も人間だ。怒りもあったろうし、この先を恐れもしたろうし心配もしたと思う。このようなことが起こることは、見越していたから辞退したのだ。しかも、嘲笑だけでなく、命も狙われた、とある歴史専門家がテレビで解説したのを覚えている。我々だったらこれくらいでも、腹立たしく恐怖でもあるが、藩政の重要な位置に就いて、代々の藩役員特に重臣たちの関係も心配したのだと思う。嫉みや抵抗も予想される。徳宗皇帝の時、柳宗元などが既得権益ある人たちに追放されたようにこのようなことは世の常だ。大いにありうることだ。

しかし、決断した。腹をくくった。覚悟を決めた。感情は一時の小さなものとした。藩の窮乏を救いたいと思った二十六歳の時の誠意は厳然として埋火のように絶えてはいなかった。だから、覚悟を決めた。中傷や邪魔は意に介さず振り払い、ただ藩の士も民も救うという一点をやることで腹をくくったのだと思う。

さらにもう一点。

今、世界で、日本でコロナウイルスと闘っている。自分が感染するのではないか、あるいは人に移すのではないか、との恐怖心は、人を攻撃することに繋がりやすい。恐れすぎると、人を攻撃したり差別したり排除することになり、分断を生じる。これでは、ワンチームになれず、なかなか先が見えてこない。

ぜひ、古典『古本大學』が教えているように心を正し、冷静に行動していきたいものだ。それは、自分の幸せにつながり、人の幸せにつながり、社会の人々の幸せにつながる。

先ずは実質の現状把握で見通しをたてる

◆四十六歳、嘉永三年（一八五〇）

当時の日本は、松山藩も例外でなく貧しく藩財政は困窮していた。そして役人が平然と賄賂で私利私欲を満たし利にはしろうとしたり、不正が行われても取り調べも行われないなど風俗は乱れ、弛んでいたと方谷の『擬対策』や『理財論』の現状分析で述べてあったところだ。

どんな組織でも、問題解決するには特に不確実な時代には、まずは、現状を正しく客観的事実をもって把握しないと、誠意を「本」とする理つまり筋道立った合理的見通しは立てられない。更には、考えられた見通し、計画を皆が共有して進めていくには、皆の納得感がなければ、それぞれの主体的取り組みは望めない。その納得感を得るには、客観的根拠（エビデンス）が要る。そのうえで、全体的総合的に外に立つ経営である綱紀を整え、具体化の政令を明らかにしていく。

このように、客観的事実及びデータに基づく全体計画を各自が把握していれば、途中で事あった時のそれぞれの応用力も期待できるものとなる。

そこで、藩財収支の大計を調査した結果、従来松山藩の石高は五万石といわれているのに、実収は約二万石ということがわかった。考査した結果、一年の収納米平均一万九千三百石とし、藩士領民渡米六千石、残米を銀に替えて一万九千両余りを得る。この額から松山、大阪、江戸の諸費用を支出すれば、わずかの余もない。しかも毎年借債の利子は八九千両に上り、支払いの方法はない。殊に臨時の支出があるときは予測もできない状態となる。このようなことがわかった。

だから、まず、勤倹を一藩に発した。その上で、

トップの訓示で藩政革新の実行に移る

「十月、我公諸士《わがこうしょし》ヲ集メテ全藩振粛《ぜんはんしんしゅく》ノ旨を誡《いまし》メ、着々之ヲ実行ニ移サル」

【方谷四十六歳十月、板倉勝静公は、全藩士を集め、これから気を引き締めて藩政革新を進めていく檄を飛ばし、着々と方谷を中心に進めさせることを宣言した】

とある。

これを快く思わない人も、嫉み謗る人もいたと思うが、トップの危機感あふれる、責任は私にあるというような覚悟をもった激をとばした。これは、トップに無くてはならない資質だ。印象をよくしようとするような美辞麗句を並べるのではなく腹のそこから誠意が湧き出るような魂のこもった辞《ことば》は人の心に響く。その後ろ盾があって、執政者も覚悟をもって政を執ることができる。梯子《はしご》は外されないのだから。

その後さっそく同じく十月、

【方谷自ら綿服の粗末な衣装で自ら大阪に出向し債権主に会い、藩財収支の実情を述べた。

「我藩は五万石といわれてきたが、実収は二万石に満たない。ここから諸費用を支払えば、余はいくらもない。このようなことで、主家が立ち行かないだけでなく、信を債権者の方々に失うようになるところだ」、と。

債権者は愕然とした。大阪藩邸員は、これまでやっとのことで口先巧みに借財にこぎつけていたのが、方谷の暴露で色を失った。方谷は、おもむろに藩財政革新の詳細を語り、まず返済の延期を要請して言った。

「今後は借りることはお願いしない。従来の負債は新旧に応じ、十年期或は五十年期で返す。ぜひ信じてほしい」、と。

同僚は（実情が表面化して、もう貸してはもらえないのではないかと）危ぶんだ。方谷は言った。

「大信《だいしん》を守らんと欲せば、小信《しょうしん》を守るに遑《いとま》なし」、と。

債権主は、言った。

「新任の元締は常器《じょうき》にあらず、必ず為《な》す所《ところ》ある」、と。

長田作次郎がまずこれを快諾し、他の皆も異論はなく、難題は容易に解決した。

方谷は、大阪の蔵屋敷（藩邸）を廃棄し、年末ごとに元締或いは吟味役が出向し一年間の会計を処理することとした。それ以降、藩の収米は利子支払いの抵当として債権主に送る事を免れ、機に応じ有利にこれを売却するようになった。また、藩の産物を奨励し、これを江戸に回送して売り、これを徐々に大阪の負債償却にあて、ついに大信を伸ばすことができた。】

とある。

このことの顛末を、門人三浦佛巖は、

【前の元締役がことさらに収納米を多く粉飾し、口先たくみに借り入れていた。先生は帳簿を大阪の債権主に見せ情報開示してお願いした。いわゆる腹中に誠をいただいて説得したので、債権主はよろこんで従い求めに応じたのだ。】

と注釈している。

ここで、前任者を攻撃したり貶めたりしていない。事実は事実として情報開示し、皆がＷＩＮとなるようその時点で「中」となる、つまりその時にちょうど最適な「当たり」としての行動をしたのだ。これを「時中」という。『中庸』や『易経』でも、柳宗元の考え方生き方でもある。

また、三島中洲は、

【先生のこの小信大信の処置全く王学活用のところだ。役にたたない儒者は小さな小信にとどまるので事はできない。】

と注釈している。本末の「本」誠意、つまり良知を致し格物し意を悪に動かすのではなく誠にし止める、と。

このように、京都遊学中に書いた『擬対策』で、「ツートップしだいで組織は変わる」と提言したことを実践していることに気づく。まず、藩公板倉勝静が、全藩士に藩政革新の檄をとばし、引き締める。そして、農商家出身でしかも学職から抜擢されたことを揶揄する人に、「方谷のことばは私のことばだ」というくらい方谷の後ろ盾になることを言明したという。そのうえで、方谷は財政責任者として、様々な革新をしていった。誠意を「本」とし心を協せ同じ考えで実行していったところにも、成果を上げ続けた鍵があると思う。

さらに、これらのことに、やはり『古本大學』[D]の誠意の学は活きていると思う。大坂の債権者へ返済猶予を願い出て承諾してもらったこのことは、まさに誠意が「本」だ

D　『古本大学』：第一章の二で、詳述しているので参照されたい。

から、できたことだと確信できる。藩の現状を何とかしようとする誠意、債権者へ誠意あるからこそ、実態の事実を解明し、それを正直に情報開示し、その上で誠意あるからこそ理の筋道があるので誰もが納得できる、しかも可能な返済計画をたてお願いしている。まさに、この誠意こそ大信を守ることであり、目先をつくろい、力ある人へへつらう小信は守る遑ないことだとわかる。

我々はこのことを学びこれを実用できるのか。

日々の「これくらいはいいか」と思う小さなことの積み重ねが、大きな破滅につながることを、様々な企業の報道でも身近なところでも知ることができる。ぜひ実用していきたいものだ。このようなことの大切さを二千年以上も前から言われてきて、しかも、今も大事だと我々に伝えられていることに驚く。科学技術は進歩しても人間の心は、進歩しないものだと改めて気づく。だからこそ、心を磨き学を修めることは、学校時代だけでなく生涯にわたり要るものだとわかる。

勤倹は出し惜しみけちることや力づくとは違う

先に述べた勤倹を令した内容は次のとおりだ。

㋐【年月を期して藩士の禄を減ず。方谷率先して幾分を辞した。】
このように年月を期すことで、不安感を無くしている。相手の立場に立ったものだ。しかも痛みを自ら率先して負うようでなければ誠ではないと思う。

㋑【足袋は九月節句より翌年四月までに限り許した。】
寒さ厳しい時期は無理させていない。理不尽で無理なことは令していない。

㋒【宴饗贈答は、已むを得ない外は禁じた。】
絶対に禁止だとして抜け道探しで弛むよりは、弾力的にして禁止している。しかし、地位を利用した饗応は厳に禁止した。手心を加えることも禁止した。

㋓【巡郷の役人へは、酒一滴も出すに及ばず。】

㋔【奉行代官等、わずかのもらい品も、役席へ持ち出す。】
賄賂等禁止したのだ。しかも、わずかのもらい品くらいはあるかもしれないが、必ず役席へ持ち出しガラス張りにし情報公開したのだ。これでは、私欲が明らかになる。

㋕【家政は主婦がこれに当たり、已むを得ない外は使用人は置かない。】
いくら上席役人の妻でも、趣味などに明け暮れるのではなく、皆がそれぞれ自分の持ち場で働くことが、自分のためでもあるし家族の藩のためでもある。

このように、後の郡奉行《こおりぶぎょう》を拝命し民政改革を進めたことを記している四十八歳の年譜にある「領土ニ遊民ナキコトヲ期ス」と、合致する。いうなれば、思い付きの政策ではなく、筋道だった誠意本気の政策だとわかる。

それぞれが困窮しているとき、当然の措置としてこのような、それぞれ誰もが納得できる、しかも取り組みやすい節約方針と具体策は、皆も積極的に守ろうとするし、抜け穴さがしをしようとすることはなかったと思う。非常に誠意あるしかも理に適った思いやりある節約策だ。ただ単になんでもかんでも出し惜しみする「けちる」こととは、ちがう。人間関係を正すものでもあり行き過ぎた私欲をけん制するものでもあり、それを難しくするものではないのだ。また、力づくで精神論の無理難題を押し付けるのでもない。必要なことには使い、節約できることはしていく誰もが納得できる世を正す政策ともいえる。このような必要だが思いやりある誰もが納得できる勤倹のきまりは、人々は自ら守ろうとするものだ。感動しきりだ。

これらと『古本大學』との関連でみると、

普通人々にとっていやな思いのする勤倹令でも、思いやりの感じられるしかも誰もが納得できるものだということで、『古本大學』25、26章句の絜矩の道を思い出す。

絜矩の「絜」とは長短大小などを「はかる」という意味で、「矩」とは、大工さんの使う直角に曲がったものさし、さしがねのこと。絜矩とはさしがねではかること。つまり絜矩の道とは、人の心を推しはかり苦しみ痛みなどを想像し共感し、思いやること。相手のいやがることはしないこと。恕《じょ》のこと。

25章句では、

【国を治め天下を平らかにするには、上に立つ人が、みなし児を見て助ける姿をみれば、人々はその上の人に背かなくなる、そのように人間同じように大切にし合うことだ。だから絜矩の道があるのだ】


と述べている。

26章句では、

【上の人にいやなことをされたら、下の人にはそれを知っているのでそんなことはしないようにする。下の人にされたら上の人に、前の人にされたら後の人に、後ろの人にされたら前の人に、左右でもおなじようにしない。これを絜矩の道という】

と述べている。

全四十三章句の25章句から、大きな組織をまとめる方法を述べている。その冒頭二章句を使い絜矩の道について述べ、

27、28、29章句で

『詩経』の三章句を引用しその絜矩の重要性とその意味を補強し述べている。

このように、組織の上に立つ人が、発展し続け成果を上げ続ける組織を経営するには、絜矩の道は必須だとわかる。言い換えると誠意ともいい、明明徳・親民ともいう。方谷は、「至誠惻怛《しせいそくだつ》」といい、誠意を大切にするよう門人に言っている。

◆四十七歳、嘉永四年（一八五一）

「二月、我公文学《わがこうぶんがく》ヲ一藩ニ奨励ス、「文ナキ武ハ誠ノ武ニ非ズ」ノ言アリ。」と。

藩公は、文武両道を奨励した。今でも、文武両道という言葉が使われるが、勉強もスポーツも頑張って心身健康となる道を説く。書を読みそして身体を鍛えることは、人間にとって必要不可欠なことだ。書を読むことは、知識を得るだけでない。過去の偉人が様々な困難を克服し生きてきて、大事だと思うことを未来の人に伝えようとしてまとめた人類の財産を知ることで、自分のこれからの生きる指針になる。また、歴史の具体的な事象の成功例失敗例から学ぶことができ、これもまた、これからの生き方に影響する。また、自然現象や地理などを知ると、いろいろな場面に出くわした時、広い視野から考えられるし問題解決できるようになる。更に、人間にとって運動することは健康になくてはならないことで、武術等で鍛えることは、心身ともに必要なことだ。これを、藩公自ら藩内へ奨励していくということは、藩政革新にじわじわと効いてくるものだと思う。

四月、方谷は、藩財収支の大計を藩公に意見を伏して献上。要点は次の三つだ。

㋐　このままでいけば、七年間で借財の払い込みは四万両となり、借財の半分減となる。その時点で又別の手段を考える必要がある。その節には私の身分何方に退転なるかもしれないけど、一応お呼び出しいただき、御相談くだされば、愚案を申し上げる。

㋑藩生計だけを持ち直すことは、金銭の取扱が難しく決して成就できない。国政の「本」が立って、町方が治めるのが整った上でないと、立て直しはできない。政事と勝手は車の両輪で、持ち合うものだ。

㋒昨年来大任を任され、日夜この事のみ苦心してきたが、何分古借はさておき新借だけでも八九万両あり、利子が九千両から一万両に及び、微力でできそうになかったが期待厚く重くようやく右のところまでできた。が、今後どうなるか計りがたく心痛めながらこのように報告する。悪しからずお聞きおきください。

この献上報告文により、苦心しながらも何とか七年間で借財半分の返済の目途がたちそうだと言っている。しかし、このままでは難しいとも言っている。『理財論』で示した、国政の「本」を立てるには、町方を整えることつまり民政も重要だと提言している。そこもできなければ、理財はうまくいかない。理財と民政の両輪で国政の「本」を立てると自然とうまくいくようになると説いている。言い換えると、『理財論』でいう財の外に立つ経営だ。二十六歳の時良知良心なりに抱いた決心を三度目の遊学に格物した誠意は、目的意識問題意識をもって幅広い学びに通じ、自分なりの考え方谷学を自得体得することになった。それを、現実の場面で実用できる提言をしたのだ。まさに、方谷実用学といえる。すると、

二、郡奉行拝命し国政を立てる

国政は、財政だけでなく民政も整え、車の両輪として初めて立つものだ。更にいえば、人を育て登用する人選のこともある。元締兼吟味役は財政面だけの担当だ。この位置で民政のことにはもちろん、口出しはできない。それをすると、藩家老及び年寄役の重役だけでなく、現役の郡奉行等とのトラブルは避けられない。そこで、

民政を整える

◆四十八歳、嘉永五年（一八五二）

方谷、郡奉行を兼ねる。このように拝命。

前年、藩の御勝手生計の現状と課題について報告したとき、借財返済の半分は見通しが

立ったが、それ以上のことは難しい旨報告した。なお、『理財論』で示した国政を立てること綱紀を整えることが財政をよくすることだと提言していたので、藩公から、民政の責任者にもなるよう命じられた。そこで、方谷は、さっそくそのことに取りかかる。二十六歳の時の誠意の至りを「本」にしたこの民政大改革の要点は次の㋐風俗を正す、㋑殖産興業、㋒軍制改革の三点で説明する。

㋐ 風俗を正す。

まずは、『擬対策』でも『理財論』でも問題提起した

○ 賄賂の誡めだ。そして、
○ 賭博を禁止し、
○ 盗賊を厳しく取り締まり、
○ 貧村を救助した。また、
○ 自然災害などによる飢饉に備え貯倉を設け、
○ 道路を改修し、水利を通じ生産・生活基盤を整えた。さらに
○ 藩校以外の教諭所を設け藩民有志のやる気を引き出し、活溌溌地で力量向上を助け

た。

㋑　士民を豊かにする殖産興業[E]増進。

○　藩の経営体制をイノベーションし、撫育方という部署を設け殖産興業に努めた。

なぜこの撫育方を設けたのかというのは、『山田方谷全集第二巻』「撫育及び産業併せて鑛山」に記してある。そこには、

【藩国の使命は、藩士も農民も市民も撫育するに在りとし、藩財政を復《ま》た興《おこ》すことは、この撫育の大主意の達成を目的とする】（いわゆる士民撫育が目的）

とあり、

北部に鉄山を開き、吹屋の銅山を買収し、数十の鍛冶屋を置き、鉄器及び農具、稲こぎ、釘等をつくり、藩所有の船に載せ江戸に送る。山野に杉竹茶の類を新たに植栽したり、煙草

E　殖産興業：殖産は生産物を増やし産業を盛んにすること。興業は新たに事業をおこすこと。

を増殖したり、また、柚餅子《ゆべし》のお菓子や檀紙[F]等を製造するよう奨励した。
このように製造した製品等は、江戸に送ったのだが、その販売が問題だ。そこで、

○江戸産物方を設置。
江戸藩邸河岸に倉庫を設け、藩からの産物を処理した。その収入で江戸邸の諸費用に充てたので藩からの穀貨は要らなくなった。このことは、大変大きな財用の取扱の変化だ。

支出するだけの邸から、収入を得ることになり大きな利になる。誠意を「本」に義をもってすれば、利自ずから生ずの理だ。江戸藩邸の士も利を以て利とするのではなく、義を以て利とした[G]のだ。そこで、

○経済を盛んにするには貨幣の改革
その当時、どの藩も困窮し、藩札を発行して赤字を誤魔化して経営されていたが、兌換できなければ信用はなくなり通貨としての価値はなくなる。松山藩も例外ではなく、藩札を乱発し、かつ贋札も流行し、信用が落ちていた。これでは、経済は成り立

F　檀紙：備中の檀紙は有名。こうぞを原料とし、宮廷や幕府の御用紙となった。
G　義利：『古本大學』42、43章句参照。

たなくなってしまう。そこで、それらを買収し、対岸の河原で焼却し、永銭と称する新藩札を発行し、兌換できるようにした。これで信用回復し、経済が活発化する条件は整い、他領まで流通するほどになった。

さらに、藩札掛という新しい部署を設け会計局を刷新し、撫育所、産物方の三所鼎立《ていりつ》[H]で、それぞれの能力を発揮させるよう組織の革新（イノベーション）をした。その目的は、

「領土ニ遊民《ゆうみん》ナキコトヲ期《き》ス」

とある。

まさに王学でいう活潑潑地の政策だ。多くの組織で、うまくいっている組織を見学し、その具体策のノウハウを真似ても成果が長続きしないのは、この活溌溌地の経営がないからだ。一人一人が自分の職務の役割を自覚し生き生きと務め、やりがいがもてる仕組みをつく

H　鼎立：三者が鼎《かなえ》のように互いに向かい合って独立して立ちバランスをとること。そして互いに牽制対立評価し合うこと。立法司法行政のようにお互い独立し牽制し合い軽重なくバランスとること。一つが権力を独占すると独裁につながりチェックが効かなくなる。

る経営がまず大切。さらに、士も農民も市民も豊かに幸せになるという同じ目的意識をもち、部署がお互いに評価しながら進める三所鼎立の組織作りは、見事という他ない。これも誠意が「本」ならではの自然な発想だと思う。

㋒　農兵及び銃陣を編成

幕末の不安定な時代、平和が大事だが攻め込まれる有事は想定できる。藩士藩民の命と財産を守ることはなくてはならないことだ。そこで、里正（りせい＝庄屋、つまり農）の青年を選び、銃剣を学ばせ帯刀を許し里正隊を編し、農兵編制の基をつくった。次に、領内の猟師や若い男性を集めて銃隊を編成した。銃器弾薬を支給し、農作業の隙に西洋銃を習練し、毎年一回は必ず城下に集め操練し、藩境不虞の警《そなえ》に備える。これを長州藩士が視察して、後の奇兵隊になったと考えられる。

これらの発想は、既に身分制を超えた藩政経営になっていっていると思う。皆が豊かに幸せになるため、一人一人が生き生きと働き、生き生きと生活できるバランスとれた藩国の体制をつくり、その政策を実施していくことを自然に実践している。誠意の「本」で。

このように、元締、郡奉行を拝命し、『理財論』で示した、

【綱紀を整え、政令を明らかにする】を

自分が担当責任者となって勝静公のもといわゆるツートップで推し進め成果を上げ続けているることがわかる。いわゆる中興としての創業は軌道に乗りかけている。

民政革新を『古本大學』との関連でみると

民政の革新を、㋐風俗を正す、でみると、

まず、「賄賂を戒め」ている。これは、誠意とは真逆の私欲だ。特に上の役人が堂々とこのようなことをしたり、使い道の説明できない大金があったりする社会は、必ず乱れることは歴史が証明している。前述した「絜矩の道」を『詩経』で意味を補強している

28章句で、

「国を有《たも》つ者は慎《つつし》まざる可《べ》からず。辟《へき》するは則ち天下の僇《りく》となる」

【国など組織経営する者は、慎まなければならない。もし少しでもえこひいきすれば、組織は乱れ辱めをうけるようになる】

とある。

方谷は、唐の柳宗元が守旧派と対立して革新に失敗した轍を踏まないよう、藩政革新にあたり、一部の自分のお気に入り派閥だけを重用しなかった。そのように、上の人の私意私欲によるえこひいきあれば、その組織は乱れ、弛み、まともに真面目に頑張っている人がばかをみるようでは、人々のやる気はなくなる。自分の考え方と同じ人の集団だけを挙げ用い、優遇するようでは社会はよくなるはずはない。全体の何パーセントかの人々のためにだけ権力をもったのではなく、その組織全員のトップは全体の代表者なのだから。また、ワンチームになることが、大きな事を成就するコツでもある。さらには、組織内の一人一人が、何をしてもらうかではなく何を主体的にするのか、で全く成果に違いがでてくるのは必然だ。だから、特に上の権力をもっている人は慎むべきだ。法にひっかからなければいいという問題ではない。ばれなければいいという問題ではない、と教えている。また、

36章句で

「仁人《じんじん》能《よ》く人を愛し能く人を悪《にく》むを為《な》す」

【仁人が上にいると悪人は追放する。仁者は人を愛すが悪人は悪む。愛憎よりくれば私だが、一念誠よりくれば公だ。美しい色を好み悪臭を悪むように誠よりくれば普通のことだ。】

というように、

「匪賊《ひぞく》ヲ厳糾《げんきゅう》」した。

【盗賊を厳しく取り締まった】

とある。

これも完全な犯罪であり風俗を乱すものだ。風俗乱れる原因に、悪いことを調べても不正とせず曖昧にしておくと、必ず乱れる。人々をそれを知っていても何もできない、言いたくても言えない状態だったと思う。はがゆい気持ちになるだけなのだ。でも、当局がしっかり取り締まってくれると拍手喝さいの応援団になる。これは、いやというほど学級経営や学校経営などで観てきたことだ。徹底的に悪いことは悪いこととして対処する。

ただ、その不正義をしてその罪を認め謝罪し償った後の配慮も大切だ。方谷は、それがあったということを、地元の研究者の方に聞いたことがある。なんとも仁者らしいな、と思いながら聞いたのを覚えている。厳罰だけでは、人はついてこない。善は善とし悪は悪とし悪み、厳しく対処する。そして、罪を償ったら後に残さない。罪を憎んで人を憎まず、だ。

また、全員を豊かにすることで、そんなことをしなくて暮らせるようにした。

先の25、26章句にあるように、
貧村の救済は、絜矩の道の具体策であることはいうまでもない。救済といえば、予期せぬ災害で企業倒産、失業の憂いで困る人は多い。ここぞという時に救い、また、徐々に元気を取り戻し皆が生き生き活潑潑地として働けるようになれば、取り戻せるしそれ以上に発展する。これもまた、昔からリーダー・指導者にとって無くてはならない資質だ。言葉のうえだけでなく心の底からの誠意を「本」に。

自然災害などによる飢饉に備えての貯倉設置は、藩の人々のためにいざという時、無条件で放出し皆の命を救うためだ。これもまた、親民のことであり絜矩の道のことだ。

ただし、過去に貯めておいた予備費を平時の通常財政に毎年繰り入れていくと、それは底をついて、いざという時には混乱するしかない。死者がでてくるようになる。だから、二宮尊徳も、「推譲」を説き、いざという時のため村で米を蓄えるよう導いた。

32章句に

「財聚《ざいあつ》まれば民散《たみさん》じ、財散《ざいさん》ずれば則《すなわ》ち民聚《たみあつ》まる」

【財が上へ多く集まれば民は散じ、財が民へ散ずれば民は集まる】

という。

つまり、財は、上へ集め上の人が豊かになるためではなく、全員のためのものだ。だから、いざという時、皆のために蓄えておき、皆のために使うということだ。しかし、権力者は、おうおうにして集めた税を皆のものだという認識を持たず、自分のものだと錯覚したり、自分達だけが豊かに暮らそうと財を集めることがある。これでは組織はいずれ衰乱に陥る。そんな姿や奢りある身なりなどは一見でわかる。方谷は、質素な衣装だったようだ。

次に、㋑　士民を豊かにする殖産興業増進にみると、

天下に明徳を明らかにするとは、人々を豊かで幸せにすることだ。そのため、まずは、風俗を正し安心安全な生活ができることが必須だ。方谷は、郡奉行になると、まず、賄賂を誡めたり盗賊を厳しく取り締まったりと㋐のような安心・安全な生活の実現に取り組んだ。と同時に大切なのが、士も民も豊かな生活である。士も民も豊かになるための殖産興業に取り組む。マズローの欲求五段階説[I]でも、第一、二段階は、食事や睡眠などの人間・動物としての基本的欲求と安心・安全である。

その最低限の基本的欲求を満たす生活ができるようになるためには、限られた米の収納だけでなく、他の収入を増やす必要がある。それは、いわゆる利だ。朝森要著『山田方谷とその門人』に、「趙宋の時代に義理の説が盛んに行われ、それからというものは利害を説くことを快く思わない。それから義理と利害と、はっきり分かれてしまった。漢学者は義理だけ主張して、利害得失には無関係な人だと、世間の人から見られるようになった。しかし昔の聖人、賢人の言動に照らせば、義理利害は一つ」とある。

Ⅰ　マズローの欲求五段階説：基本的欲求、安全欲求、集団帰属欲求、承認欲求が満たされ自己実現。

方谷は、殖産興業に取り組む。それは、『古本大學』にはっきり示していることだ。大人となるための学問の道は、己に誠を尽くすことで修養すること（明明徳）、それに人に誠を尽くすことで生き生きと生活し仕事に励み幸せに暮らせるようにすること（親民）だ、と。そして、明徳を天下に明らかにするには、絜矩の道が必要で、それは財用の取扱と人選の取扱が最も大切。その財用の財とは、利のことだ。利は無くてはならないもので、それをどう用いるか、取り扱うかである。みんなが、生き生きと生産活動し、利を上げ納め、上の人がそれを私しないで、みんなのために還元すると経済は発展し続け豊かになるというもの。もし、有事があっても日頃からの備えと、人々との信頼関係があれば困難は脱することはできる。まさに、『古本大學』[J]はそれを説いている。

この書は、大なる人つまりリーダー・指導者になる学問の方法を説いている。これを概要と解説の二つに分け、第一章では、概要を述べている。第二章解説を見るとわかるが、誠意に重点をおき述べ、それを「本」に国や天下を治める具体的方法を説いている。つまり、組織経営の方法だ。それは、結局絜矩の道、誠意、思いやりを本とする財用の取扱と人の選用

J　『古本大學』：構造は、第二章二の『古本大學』の概要参照。

だと説いている。そうすると、組織は成果を上げ続け発展し続けるということだ。例えば、

27章句では、

「詩に云《い》わく、楽《たの》しめる君子は民の父母と。民の好《この》む所之《これ》を好み、民の悪《にく》む所之を悪む。此《これ》を之《こ》れ民の父母と謂《い》う」

【詩経小雅篇《しょうが》にいう、人柄が穏やかで和らぎ楽しむ君子は、民の慈愛深い父母だ。民を見るとき、自分の身のように民の好むことは好み悪むことは悪む。これを民の父母という。しかし、少しでも私が雑ざると必ず人と争い自分の思うようにならなければ悲しみ怒る。これは楽しめる君子ではない。民の父母ではない】

まず、このようにリーダー・指導者は、権力があるからと強権的に暴力的に、あるいは声を一応聞いたことにして有無を言わせず民を従わせるのではなく、民の好むこと、民の幸せになることを組織的に政策化して取り組み実現するものだ。

二十六歳の時の随筆からもわかるように、やはり、その頃の人々の願いは貧しさからの脱却だったと思う。だから、方谷は、藩士も藩民もそして藩も貧しさに苦しんでいた状況から

脱却するため、まずは元締役から財政面を改革し、そして、車の両輪のもう一つ民政面の責任者郡奉行を拝命されたので、風俗を正すことと殖産興業に取り組んでいった。しかも、勤倹令や風俗を正すなどをみてもわかるように父母のような穏やかで愛しむ態度でそれを成した。だから、その政策を士民撫育というのだと思う。士も民も憮しみ生き生きと育み成果を上げ続けた。そして

29章句では

「詩に云わく、殷《いん》の未《いま》だ師《もろもろ》を失《うしな》わず、克《よ》く上帝《じょうてい》に配《はい》す。儀《よろ》しく殷《いん》に鑑《かんが》みるべし。峻命易《しゅんめいやす》からずと。衆《しゅう》を得《う》れば国《くに》を得《え》、衆を失《うしな》えば国を失うを道《い》う。」

【(周の世、殷を手本とせよ、と教える時。上帝とは中国信仰の最高神の造化の神のこと。造化の神が万物を化成し天子は万民治めるので対で並び立つ）詩経大雅篇にいう、殷が（絜矩の道を行ったから）なお大衆の心を失わず、よく上帝と並び立っている。よろしく殷を手本とすべき。高大な天命をうけることは易いことではない、と。絜矩ある人は峻命が授けられ、万民が帰服し人心を得、いつまでも天下を保つことができる。が、絜矩無く人心を失えば直ぐ国を失うという。】

殷がまだ民衆の心を失う前は、よく天命を保持していた。殷をよく鑑みて、誠に天命は保持しがたいものだと知りなさい、ということだ。リーダー・指導者に絜矩があれば、民の心を得られるが、無ければたちまち民の心を失い、国をうしなうようになる。意を民にむけることを説いている。これも、士民撫育につながる。絜矩の道で士も民も豊かにすることがリーダー・指導者の使命としるべし。また、

38章句では人の選用について説いている。

「人の悪《にく》む所を好《この》み、人の好む所を悪む。是《これ》を人《ひと》の性《せい》に拂《もと》ると謂《い》う。災《わざわい》必《かなら》ず夫《そ》の身《み》に逮《およ》ぶ。」

【不善を遠ざけることができないだけでなく、かえって悪人を好み賢人を悪む好悪全く人に反する人がいる。これは性に悖る人であり、禍にかかる。】

これは、リーダー・指導者が、人の好悪と反対の人、たとえばリーダーにとってだけ都合のよい邪な人を登用すると、必ず禍がその身にふりかかえると説いている。だから、

39章句の

「君子に大道《たいどう》有《あ》り。必ず忠信以《ちゅうしんもっ》て之《これ》を得《え》、驕泰《きょうたい》以て之を失う」

【（誠意から承けて）天下を治めるには、大なる道筋、絜矩の道がある。この道を得るには、忠信つまり私意・偽りのない誠をもって人の選用をすることだ。驕《おご》りや慢《おこた》りの私心ですると民の心を失う。つまり、戒慎恐懼の心なければ民の心を失うということだ。】

方谷は、己に忠（まごころ）以て修養に努め、人を信（まごころ）以て憮しみ育て、登用し多くの人材を育てた。そして、常に自分に或いは全体に「弛」を評価（メタ認知）し、改善に努めた。だから、盛りがなく、停滞する所がなく成果を上げ続けたのだと思う。まさに聖人は困知勉行す、だ。

結局、組織経営に大切なことは、誠意、絜矩の道であり、それは、財を用いるにどう取扱かということと善き人を選び登用することにおいてその絜矩の道を貫いているかどうかが問題だ。その中でも特に、財用の取扱において絜矩の道に敵っていることは重要だ。そこで、

42章句・・・財用の取扱のまとめとして

「孟献子《もうけんし》曰《いわ》く、馬乗《ばじょう》を畜《か》えば、鶏豚《けいとん》を察《さっ》せず、伐冰《ばつひょう》の家《いえ》には牛羊《ぎゅうよう》を畜《か》わず。百乗《ひゃくじょう》の家《いえ》には聚斂《しゅうれん》の臣《しん》を畜《やしな》わず。其《そ》の聚斂《しゅうれん》の臣《しん》有《あ》らんよりは寧《むし》ろ盗臣《とうしん》有《あ》れと。此《これ》を国《くに》は利《り》を以《もっ》て利《り》と為《な》さず、義《ぎ》を以《もっ》て利《り》と為《な》すと謂《い》うなり。」

【（人物高潔で後々まで称賛された魯の賢大夫）孟献子が、我家を治める法をいう、士は、俸禄ありながら庶民が生計をたてる鶏豚で利を貪らない。家老の家では尚更民の利を侵害する牛羊は飼わない。領地をもつ大夫は、民からお上一家のためだけに重税を取り上げる聚斂の臣はおかない。いっそ領主の財を盗み取る臣をもつほうが民への害が少なくてましだ】と。

このように絜矩の道の法で財を理《おさ》めれば、その財力はよく定まり落ち着く。上が富めば下は財縮み争乱となる。一寸一分の出入りを無くすこと。これが絜矩の道による財用の大筋だ。国を治める人が自分や自分の身内だけ或いは仲のいい友人だけを利そうと邪念を起こすと、上下が相互に利を求めるようになり乱れる。ただ、利は無くてはならないもの。上に立つ人が自分を利そうとするのではなく、仁を好めば国の人々は皆義を好みワンチームとなる。これが真の利で、国全体がよくなることが利だ。そうすると結果として皆が生き生き働き生活し財利は自然に大きく生じ、下も上も豊かになるものだ。

全く方谷と藩公勝静の国家経営法だ。上の権力者が豊かになることではなく、下の者が豊かになると、上は自ずから潤うという定理だ。これを、方谷は士民撫育の政策として実施し成果を上げ続けた。まったくもって、「本」は誠意であり、絜矩の道だということがわかる。

これまで方谷の藩政革新と『古本大學』との関係について縷々のべたが、それらをおさらいすると、『古本大學』の「本」は、第二章一の9章句〜17章句の「誠意」であり、具体的にいえば、25章句〜43章句までの「治国・平天下」章句に示された絜矩の道の内容でもある。これが大なる人となる道の末の部分だ。

◆四十九歳、嘉永六年（一八五三）

【藩公、しばしば手書を下し、或いは老臣に命じ文武を奨励。】

「正月、国勢ノ盛《さかん》ナルハ士ノ正シキヨリ起《おこ》ル、士風ヲ正シクスルハ文武ヲ勵《はげ》ムニ在ル」

【正月、国が栄えるのは士が正しきことより起こる。士の風俗を正すには、経学などの書の学に励み、武術で体と精神を鍛えることでできる】の手書を下し、また、毎年従来の孔子画像を神主《しんしゅ》[K]に改め釈菜《せきさい》[L]を行い学を奨励した。

この年、武士以外のその他の家柄の子弟を学館で学べるよう学資を資給し文武修行を奨励した。つまり、郷学《きょうがく》を設置したのだ。

このころ国政は、従来家老・年寄によって評決されていたのが、ひろく用人[M]・目付にまでひろげ、疑獄は再三調査審査する役人の主査にかえして審議させるなど、善政に徹した。これも藩政革新の進化で、より民主的になっていっている。公正に裁くように向かっている。一権力者が司法までを思いのままにする独裁は乱れいずれ滅びにむかうことは歴史だ。

郡奉行拝命から二年目には、このように藩公と心を協せ、考えを同じくして次々と藩の綱紀を整えていった。そのための具体政策や指示の政令は、まことに誰が見ても聞いても納得

K　神主：霊牌。
L　釈菜：孔子祭。釋奠は牛や羊が奉げられるが、野菜を捧げまつる。
M　用人：老臣の下に位置づく人。

できるものに変わり、人々も藩も粛然として変化し始めた。いわゆる誠意を本にした外に立つ経営で総合的に義利を進めたから、財用の取扱や人の育成選用にも成果を上げ続けたのだと思う。

特に、現倉敷市玉島の商家に生まれ、幼少より学問、武芸怠らず、しかも家業に励むなどして、若くして村役となっていた林富太郎は、方谷の内意を受け、玉島の郷学開校に尽力した。後、士籍に入り、有終館會頭を拝命。そして吟味役、隣好掛、撫育総裁、町奉行等を勤めるなど、元々の士籍以外から人を育て登用し藩の重要な役を勤めさせられるよう育成することは、古の書にはでてくるが、なかなかできなかったことだと思う。

これこそもちまえの良知良心と幼少期生活自立期の環境により育まれた資質や才能知識とともに、なんといっても青年期はじめ生涯にわたって自分を磨き続ける学により洗練された誠意が本だから成果をあげ続けたのだろうと思う。

誠意から目的達成の意強く、メタ認知で評価改善

◆五十一歳、安政二年（一八五五）

「撫育《ぶいく》の三急務上申《さんきゅうむじょうしん》」

この年、藩政革新を始めて五年が過ぎた。成果も上がっていた。そこで、このような上申をしたのだ。

「藩国の御天職《てんしょく》は、恐《おそ》れ乍《なが》ら御家中諸士《ごかちゅうしょし》ならびに百姓町人共を御撫育遊《おんぶいくあそ》ばされ・・・」

と、まず、藩主の使命を藩主のなす目的を

【士も農民も町人も全員を撫《いつく》しみ、生き生きと仕事や生活ができるようはぐくみ、豊かで幸せにする】

として、明確に示し、さしあたりの急務は、災害時や江戸役用等臨時支出を要したとき、士から借り上げた俸給米を戻すようにしてください。農民には、労役などの賦役を減じ、困っているいる村は救い、町人には金銭を融通し交易が盛んになるようにしてください、と上申しているのだ。

困ったときに皆に辛抱してもらったことを忘れず、経済が好転していくと、士も民も町人も、やってよかったと皆が実感できる藩士への債権償還、農民への減税、町人への金融支援等等を政策化し実践したのだ。減税だ。皆の達成感からモチベーションはいやがうえにも上がってくるものと考える。これも、『古本大學』

32章句

「財散《ざいさん》ずれば則《すなわ》ち民聚《たみあつ》まる」の実用だと言える。

経営には必須の評価改善の連続を怠りなく進めている。今、世界で重視されている俯瞰《ふかん》N的に客観的に進み具合や自分を観る「メタ認知」ともいえる力を、方谷は誠意の「本」がしっかりしているので、自然に身に付けたと思われる。

N　俯瞰：高い所から自分をみること。

三、創業から守成 ― 人選 ― で成果を上げ続ける

これまでに述べた学びや藩政革新の目的は、士も民も豊かにして生き生きと仕事に励み、生き生きと生活することで皆の幸せを実現することだ。こういう目的意識は、いうまでもなくトップツーの誠意が「本」といえる。『擬対策』で藩の窮乏を救うのは、君主と執政大臣の二人にかかっている、との指摘どおりだ。

君主と大臣が誠意を「本」に心をあわせ同じ考えで経営にあたる時、まず、君主は、皆に檄をとばすこと。そして執政大臣の後ろ盾となり任せる。大臣は次々と上申し伺いをたて決裁後革新（イノベーション）を続ける。そして評価改善を繰り返す。これが外に立つ経営だと言える。それを見事に軌道にのせていった。結果、理財は有効的に働き成果を上げ続けた。残るは、人を育てる及び登用して、俯瞰しながら評価し、目的意識問題意識を共有しながらも、自分のこととして生き生き活躍できる体制をつくり創業から守成へとつないでいくことだ。「創業は易し、守成は難し」、ということばもあるが、その問題が残っている。そこで、

政務に参与し、人を選用

◆五十二歳、安政三年（一八五六）

「先生年寄役助勤《よりやくじょきん》ニ陞《のぼ》リ、政務ニ参与ス」

【方谷は、年寄役助勤に昇進し、政務に参与するようになった。】

藩政は家老及び年寄役を執政とし、その下に年寄役助勤がいて、人材を登用し実務に当たらせるのだ。要するに政務に参与するようになった。

そこで、藩校有終館学頭は、牛麓舎第一期生の進昌一郎が命じられた。

これから、その都度その都度、様々登用し移動し、守成へともっていく。

◆五十三歳、安政四年（一八五七）

「元締ヲ罷《や》ム、大石隼雄《おおいしはやお》ニ代《かわ》ル。」

方谷は元締を罷め年寄大石隼雄に代わった。大石は方谷に学んだ二十九歳の門弟だが、藩の位置からすると、年寄は家老の下に位置して藩政に参政している重役だ。方谷の上司にあたる。

ここで、徳宗皇帝や柳宗元の失敗を学んだことが生きているように思う。守旧派と闘うのではなく、藩全ての人のために、藩全員で取り組もうとしたことが窺える。一応の理財のレールを敷くことができたので、オール松山藩の体制づくりと大石の賢才ぶりとで白羽の矢があたったのではなかろうか。ワンチームこそ利だ。

しかし、方谷は、会計長官は去ったがなお参政としての御勝手掛（会計担当）に残るよう配置された。大石隼雄や辻七郎左衛門等度支職の者は、大事な事は必ず御勝手掛参政方谷の決裁を取るようになっていて、藩の理財の大権はやはり方谷の手にあった。つまり、『理財論』で示した外に立つ経営はしていくことになっていた。方谷とともに藩主勝静のすごさに脱帽だ。

この頃、余財十万両となる。

「先生始テ元締トナリシヨリ、茲《ここ》二八年。嘉永癸丑《かえいみずのとうし》（六年）ノ旱害《かんがい》、安政乙卯《あんせいきのとう》（二年）

ノ地震《じしん》、及ビ乙卯《きのとう》（二年）丙辰《ひのえたつ》（三年）ノ米価暴落等、災厄頻《さいやくしきり》ニ至ル。殊《こと》ニ我公寺社奉行ニ上《のぼ》リ、費途益々《ひとますます》多キヲ致《いた》セルモ、略《ほ》ボ十万金ノ負債《ふさい》ヲ償却《しょうきゃく》セルノミナラズ、後遂《のちつい》ニ十万ノ餘財《よざい》ヲ見ルニ至レリ。」

【先生が始めて元締となってから八年。嘉永六年（一八五三）の干害、安政二年（一八五五）の地震、安政二年三年（一八五六）の米価暴落等、災害に次々襲われた。殊に我藩公が寺社奉行に昇進されてからその費用が益々多額になったが、ほぼ十万両の借財は返却できただけでなく、十万両の余財を見るに至った。】と。

このように、様々な困難はあっても成果は上がり続けた、という。

藩政革新を続けながらも絜矩の道で人を育てる

この安政四年（一八五七）方谷五十三歳の七月、三島毅は江戸昌平黌に遊学。

この江戸遊学のいきさつについては、深い意味があると考えられる。

というのも、方谷四十八歳の嘉永五年（一八五二）の三月、三島毅は、それまで牛麓舎で塾頭として山田方谷の代講していたが、

「門下生三島毅辞《みしまつよしじ》シテ伊勢《いせ》ニ遊《あそ》ビ、斎藤拙堂《さいとうせつどう》ニ従学《じゅうがく》ス。先生元締就職《もとじめしゅうしょく》以来《いらい》自《みずか》ラ家塾《かじゅく》デ子弟《してい》ヲ教授《きょうじゅ》スルコト能《あた》ワズ、毅《つよし》ヲシテ代理《だいり》セシム。（嘉永元年塾長となる）毅去リテ書生《しょせい》退散《たいさん》ス。」

【門下生の三島毅が牛麓舎を辞して伊勢の津藩斎藤拙堂に学ぶ。方谷先生が元締に就職以来そちらに専念されて家塾の塾頭をしていた毅が代講していた。その毅が去ってからは、牛麓舎生はいなくなった。】

とある。

このとき、方谷は、藩政革新にかかりきりになり気にはなっても顧みられなくなり申し訳ない気持ちもあったと思う。この逸材は大きく伸ばしたいという気持ちもあったと思う。三島毅は、家塾の教授者方谷が全く指導できない状態で、寂しい気持ちがあったと思うし、塾生には代講で申し訳ない気持ちもあったと思う。更には、もっともっと学び力をつけたい気持ちがあり遊学に出たのだろうと思う。

この時の方谷の気持ちをさらに探ると、

37章句に

「賢《けん》を見て挙《あ》ぐる能《あた》わず、挙げて先《さき》んずる能わざるは命《めい》なり。不善《ふぜん》を見て退《しりぞ》くる能《あた》わず、退けて遠《とお》ざくる能《あた》わざるは過《あやま》ちなり。」（命《めい》を怠《おこた》りと読む人もいるが、方谷はメイとした）

【上に立つ人が、賢者を見ても挙げ登用することができない。挙げ登用しても前《さ》きに立て委任することができないのは、時運などの事情あっての運命とも考えられる。不善を見て退け遠ざけることができないのは過ちだ。】

とある。

藩政革新でいっぱいいっぱいの状態の時、三島毅の資質能力から言えば何かしら藩にあるいは個人的につなぎとめておきたかったに違いない。しかし、個人的に辟《かたよ》ることは公人として絶対にできないことだし、時運は、まだ、三島毅に至っていなかったとしかいえない。もちろん、本人は、自ら未だ学成らずを自覚し、伊勢に遊学する決意を固めたと思われる。

このときの、方谷の態度は怠りではなく、いまだ中洲の時ならずの運命としかいえない。だからこそ、三島毅は伊勢の斉藤拙堂のところへ遊学し、自己学習力により大いに力をつけていった。五年後の安政三年（一八五六）方谷が年寄役助勤を拝命し、政務に参政し人材を登用する立場にたったころ、たまたま三島毅は、遊学を終え帰郷していたようだ。そこで、安政四年（一八五七）方谷の勧めで成学の後松山藩に出仕することを約束し、学資三人扶持を受け、江戸昌平黌に遊学した。この時に当然時運は三島毅に吹いてきて、遊学後の藩校会頭、学頭等々に力を発揮していくことになる。

いくら将来性ある賢人でも、時運により登用されないときはある。しかし、方谷はずっと見守っていたと思われる。三島毅も、自身の身を修めることに努めたので更に力をつけ、やがて発揮し社会に貢献するようになったのだと思う。方谷と毅のこのあたりのお互いの思いを想像すると胸があつくなるのは私だけか。

また、この年、川田剛《たけし》が方谷の勧めにより松山藩に仕えることになった。川田は、現倉敷市玉島の回船問屋に生まれ、幼いうちに両親に先立たれ没落しつらい少年時代を過ごした。が、玉島で学問に励み、江戸遊学を勧められ佐藤一斎塾等で学ぶ。苦学の末、後に近江大溝藩《おおみぞはん》（今の滋賀県安曇川町《あどがわ》で中江藤樹の藤樹書院があるところ）の儒者として百石で迎えられるようになっていた。が、方谷は五十石で松山藩の儒者として迎えたい意向を伝えた。川田は、俸給は半分でも、故郷に近いことや数年間で財政再建を成した方谷の学識と手腕をこの目で確かめたいとの思いなどから松山藩に仕えることにしたのだ。時に二十八歳で江戸邸学の会頭となった。後、吟味役、大目付にのぼる。

◆五十四歳、安政五年（一八五八）

この年、林富太郎新たに士籍に入り、有終館会頭拝命。

このように、元々士籍になかったものでも、賢才はどしどし登用されていった。家柄や血筋でなく、本人の徳と才能で在野からでも登用したのだ。とかく創業者は、すごい力をもって経営し、発展させていくが、その創業者がいなくなると、徐々にその組織は衰退していく場合をよくみる。『易経』でいえば、これは、創業者が自分のライバルとなり得るような守成の人材を育てないからだ。自分の立場を脅かすような人材を登用していないからだ。登用していないからではなく、作らないからだといえるのかもしれない。

しかし、すごい守成を成す人もおられる。艱難辛苦を乗り越え、そして人も育てられるお方で、近寄っただけで自然に頭をたれるような風格をお持ちだ。誠意に生きておられること高大だ。

範を示す

◆五十五歳、安政六年（一八五九）

四月、家を西方村長瀬に移す。

ここは、高梁市の北高梁川岸で現在伯備線方谷駅ができているところだ。

これは、かねてから藩士の土着を主張していたのを、率先垂範で実行したのだ。

なぜこの土着が必要なのかといえば、幕末の世情不安定の時、有事おこれば、防衛の重要個所となるところを固める必要性を感じていたからだ。特に最も攻められやすい野山口は、城の東一里あまりの所で、尾根伝いに平地のように城まで進めることができる。あとの三方は、絶壁で攻めるには大変難しいことが分かっていたので、方谷は大変気にしていた。

だから安政三年（一八五六）藩士若干戸をここに移し、学問所を設け、有終館の文武諸教師にかわるがわる番にあたらせ行って教導させた。会頭狩野剛治は自分から移住した。

更に、安政五年方谷移寓前年、各要地に移居土着急務を感じ、藩公に提案し、決裁を受けて、藩内にこのことを令し志願を募っていった。その中に

「在宅土着《ざいたくどちゃく》者《は》武家《ぶけ》之《の》古風《こふう》ニシテ、国家安全之基《こっかあんぜんのもとい》」

【日常生活の家を地方においてそこに土着し押さえ、いざ、というとき馳せ参じるというやり方は、国家安全の基だ】

の言もあった。

先に述べたように、特に野山口は、最重要拠点で特に奨励していた。が、なかなか喜んでは移居しない現状もあった。

そこで、率先垂範で一拠点の長瀬に移寓土着し、農業も始めたのだ。もちろん、用ある時は、城下に行き差し支えないようすることは言うまでもない。

このように、ただ強権的な命令ではなく、志願者を募ってしかも、率先垂範の姿を見せての誠意ある政策は、益々藩内の人々の心を集めることになる。

『古本大學』２３にある

「堯舜《ぎょうしゅん》天下《てんか》を率《ひき》いるに仁《じん》を以《もっ》てして民之《たみこれ》に従《したが》えり。・・君子《くんし》はこれを己《おのれ》に有《ゆう》して、しかる后《のち》これを人に求める」

の言を思い出すことしきりだ。

堯とは古代伝説上の帝王の名。舜とともに理想的な聖天子とされ、『詩経』や『論語』などにたびたびでてくる。

【堯舜が天下を導けば、自身に仁があるので、万民はこれに従い仁心となる。悪王の桀紂《けっちゅう》が先に立つと暴なので民もこれに倣い自然と暴になる。もし上の命令が、好むものに反したら民は命令でも従わない。だから、君子は命令することを己に有して人に命令する。己に無くして人を叱ったり罰したりする。】

まさにこの章句に説いてあるように方谷は自ら行動している。だから、人は信頼もするし敬う。

この年六月、三島毅昌平黌より還る。禄五十石を賜い有終館会頭を拝命。三十歳。

◆五十六歳、萬延元年（一八六〇）

方谷、藩の財務担当の重職に就きながら私財は残さなかった。その心情を詩に表す。

十歳經營不爲身　十歳《ととせ》の経営　身の為《ため》にせず
大倉積粟已陳陳　大倉《たいそう》の積粟《せきぞく》已《すで》に陳陳《ちんちん》たり
却嗤八口困生計　却《かえ》って嗤《わら》う八口《やくち》の生計《せいけい》に困《くる》しむを
僅墾荒撫伴小民　僅《わず》かに荒撫《こうぶ》を墾《たがや》して小民《しょうみん》を伴《ともな》う

口語訳
藩財政立て直しに携わり十年、私の為にはしなかった
藩の倉庫には、穀物がいっぱい積まれている
逆に我家の八人の生計は苦しくなった
僅かな荒れ地を墾し小百姓の仲間入りをする

この詩に三島中洲は、次のように注釈している。

【先生の藩会計担当官任期中、藩士塩田仁兵衛が毎月末に方谷の家に来て出入会計をして家族に倹約を勧めていた。従来藩会計担当官の家が富むことは、藩の人々の羨み妬むところだ。先生はこの役に就いて富むはずはないことを人々へ示された】

と注釈している。

重職に就くことは、全く私欲のためでなく、藩士藩民のために働くことなんだということが明らかにされた詩だ。これこそ誠の至りだ。

方谷は、誠意を「本」とし抜本塞源の論を体現したリーダー・指導者と言える。だから、備中聖人と人はいうようになった。

このような考え方は、世界共通でもあるといえるのかもしれない。フランスの経済学者アタリは、混迷の今こそ、私意私欲でなく利他で生きることを提唱している。利他とは、他を利する生き方で、誠意明徳ともいえる。良知を致す生き方ともいえる。他を利すればそれは、己に返ってくる。結果、己のためにもなるしそれが広がると社会のためにもなる。いわゆる三方よしの生き方考え方につながる。

だから、松山藩はツートップにより奇跡的中興の創業を成し、成果を上げ続けた。

守成は難しと言うも

同年（萬延元年（一八六〇）、方谷五十六歳）

十月、大石隼雄元締を罷める。

方谷再び元締を兼ねる。

そして、

「先生諸般《しょはん》ノ改制《かいせい》漸《よう》ク弛廃《しはい》セントスルヲ見」

【方谷は、様々な改革革新してきたところが、しだいにゆるみ行われなくなるのを見て】

三浦泰一郎を奉行役に、服部陽輔を奉行見習に推挙し、振るい立たせた。

ここが、方谷のすごい所だ。守成のため、育てた人材に任せ自立させるとともに、『擬対策』『理財論』でも指摘したが、風俗が弛んでいくのをそのままにしていないのだ。そのままにしていたら、最初はありの一穴かもしれないが、どんどん伝搬し、人々の心を蝕んでいくようになる。これを、常に気にかけメタ認知、評価改善していかなければ組織も人も生き生きしない。創業時は、どんどん改革革新していっているので弛む時間もないが、成果が上がっていくと、驕りが出てきて慢心し弛むものだ。そうなるとそこが盛りとなり、次は次第に衰退していくことになる。

逆に、常に弛みをみつけ、人事配置を変えるなど新しい風を入れたりして革新し続けることで、そこが盛りとならず、更に向上していく。実は、こういうことこそ、自然なのだ。これを造化の働きという。宇宙が誕生して、今なお膨張している、つまり善き方へ善き方へと変わり続けることは、一九三〇年米国天文学者ハッブルが発見し、二〇〇一年米国ＮＡＳＡがそれを検証している。このように、変化し続けるその宇宙の一部の地球に生息する我々の事は、そのほんの一部故、本来変化し続けて自然なのだ。それが、弛み怠り変われないで、前年通りを禽獣草木のように何も考えずマンネリとしていくと衰え廃れることになる。

これも、メタ認知の働きで、成果を上げ続けた一つの要因だと思う。

◆五十七歳、文久元年（一八六一）

【四月、三島毅江戸より帰藩、有終館学頭拝命。】

【五月、方谷江戸より帰藩し病の為元締を罷める。】


辻七郎左衛門が元締に、進昌一郎・神戸一郎が吟味役拝命。

辻七郎左衛門は、勝静公が桑名藩より養子縁組のときの従者。近習、目付役、側用人等務めていた。神戸一郎は、現高梁市の医者の家に生まれ、山田方谷に学び、昌平黌に学んだ後、藩校有終館会頭となる。後学頭、目付役等歴任。

方谷は、元締を辞しても、なお御勝手掛を命じられ、新元締からの伺いの決裁をする理財の権限は残った。

この頃の方谷の創業から守成にもっていくときの秘訣の談を聞いた中洲の注釈がある。これは、守成の金言だ。


【先生かつて言われた。人の多くは自己の功を貪り、身をその局に当てようとする。これは誤りだ。一般に一つの事を起こそうとすれば、古今の事例を詳しく説明し担当者を啓発し、その担当者が企画した建議を待ってこれを誉めやる気を奮い起こさせれば、事は容易に成功する。先生は、一生よくこの説を実践された。今どきの朝令暮改で事を誤るのは、この戒めを知らないのだ。】と。

まさに、指導者・リーダーが外に立ち、組織体制を作り、それぞれの分掌の役割を自覚させ、任せ、目的意識問題意識もって事にあたる内発的動機づけをすると、事は必ず成功するのだとわかる。私自身浅学非才ではあるが、何年かごとに現場を変わり、その都度稚拙ながらこれをしていった経験がある。うまくいったときとなかなかそうはならなかったときとはもちろんあったが、方谷のこのことばは、手に取るようにわかる。

ぜひ伝えたいことばだ。

この年六月、

「有終館学制《ゆうしゅうかんがくせい》ヲ革新《かくしん》ス。大要左《たいようひだり》ノ如《ごと》シ。」

三島毅、学頭となっての大任だった。

○　要旨

「要旨《ようし》、孔孟《こうもう》ノ道義《どうぎ》ニ本《もと》ヅキ、西洋ノ學術《がくじゅつ》ヲ兼採《けんさい》ス」

とある。

西洋學術も時の変化に応じもちろん時務学として採り入れるが、やはり、生き方考え方の本学（孔子、孟子などの経学）を重視ているところに注目したい。

このことは、やはり、「どう生きるか」という生き方考え方の経糸をしっかりもつことを求めていることがわかる。これがしっかりしていれば、不確実な時代を、それに対応しながら横糸として西洋技術なども織入れ、自分も皆も社会もＷＩＮとなる。豊かに幸せに暮らせるようになる。いくら社会が変わってもこのような原理を貫き成果を上げ続けたのだと思う。

○　階級

文についても武についても、一級から三級を設定し励ました。しかし、従来子弟十六七歳になれば、扶持米を給与されたのが、以後は文武ともに三級を卒《お》えなくては給与されないことになった。これによって、みんな奮起したという。

これは、いわゆる家柄ではなく実力主義だ、努力主義だ。努力すれば誰でも認められるシステムをこの当時採りいれたのは、画期的だと言える。もちろん、袖の下なんかはなかったにちがいない。えこひいきもなく風俗が正される。生き生きしていく。

○　館員

館員は、学頭一人、会頭十人、句読師ニ十人。学頭は会頭の教導、藩主の侍講、総藩へ講経（一年両度殿中大広間）。会頭は句読師の教導。句読師は一藩幼生の素読に当たる、としている。

寄宿生については、俊秀子弟は寄宿舎に入ることができ、昼夜学習できる。更に、文武とも俊才を選び、藩外修業が命じられた。

○　郷校

郷校は、一、城下鍛冶町、二、野山、三、八田部（今の総社）、四、玉島とし、それぞれの地の学者を選び、扶持米を給し、農商篤志の子弟を教える。野山は在住の士あれば、学頭時々出講する、とした。

○　釈菜《せきさい》

館内の奥の室に孔子の廟があった。従来は孔子画像を掲げていたが、仏礼に反するのでよく思わない人がいて、藩公が手書した神主に代えて春秋二度祭典を行う、とした。

教育は国家百年の大計という言葉がある。家柄主義でなく実力主義で、どう生きるか、という経糸学をきっちり張りながら横糸にあたる変化にも対応できる力、健康力も養っていった。そして、努力し力を付けた人には、遊学も保障する体制づくりも固めていった。しかも、だれにも機会を与え、温室で特別の人だけを教育するのでは、真のエリートは育たないことを、方谷はこの体制や家塾牛麓舎でも証明した。

易《か》わらないものを「本」とし、易わり続ける

八月、神戸一郎長瀬を訪ねる。

方谷は、理財の事を論じ、学校制度に及び遂に一編の文書を作った。

先ず、創業守成時として変ずべきだと言い、且つ、

【我松山藩は今の公になって、どんどん盛んになった。様々な政策が維新なったのは、中興中の創業ということができる。多くの職の中でも、理財の一すじの道は課題だったので、その事を主務として司り、それからその理財の職にあること八年。初めの二三年は、ただ四方の銀主借財先と血戦のみして、世渡り困難な中奔走し日月を送った。その事がようやく落ち着いてくると、海防・震災・風破・御役成等の諸大費用続いて起こり、創業すらその糸口を得ることができないものが多かった。いわんや守成に及ぶに遑《いとま》あろうか。

次に、為すべきなのにいまだできていないものを数項目挙げていうに、

昨年冬より再び出て職を視るに、時は大いに前と異なっている。のこりの事を執り裁くと、時至れば事が生じる、事が生じれば情自ら動く、情の動に従ってそのことを為すのみ。

前八年、その情創業のみに動く、今や情の動くところが自ら別となっているのは、その時が至りその事変ずる兆《きざし》ではないだろうかと思われる。だけど情の動には真もあり妄もある。且つ私の老朽病衰で、どうして守成変革を担当できようか。ただ後進の英才俊傑を待つのみだ。このごろ、神戸一郎君が山居を訪ねてきてくれた。平生国の事にま

ごころ尽くしているのを感じ、且つ年齢も壮《さか》んで物事をなすにいい時だと喜んでいる。よって、創業守成の一説を挙げて、改政以来の理財の大概を論じ、且つ私が情の動くことの真か妄かを質問した。神戸の同僚進昌一郎もまた同学同志の英傑だが、ねがわくばこの一編を同じように観てほしい。学校の設立、礼楽の教え、文物粲然《さんぜん》として、守成全て備わるは崇め敬うべきことなれども、礼楽は百年にして興るの理あるように省くことはできない。春に耕し秋に収穫する事は已におわり、倉は皆満ちて後、衣服を製し、飲食を供え鬼神を祭り、賓客を饗し、礼儀をすすめ、一家が一つになることを望むのみ。今の督學三島君も、同学の傑出、望むところはこの編を同じく観て、守成の業を益々全うせんことを願う。】と。

人生五十年の時代、八年も過ぎた方谷の後事を思う心の叫びでもある気がする。守成成して今後ますます士も民も豊かで幸せに暮らしてほしい、との思いが伝わってくる。全く私念ない誠が感じられる。

◆五十九歳、文久三年（一八六三）

八月、神戸謙次郎吟味役より元締に（日時未詳）。三島毅学頭より吟味役に転じ元締の事を行う、と年譜はなっている。が、更に年譜には、年月日未だ確かならず、として この人事の前に年月日はわからないが、辻七郎左衛門が元締を、進昌一郎が吟味役を罷めたことになっている。その時神戸謙次郎が吟味役を命じられ、元締の事を行う、となっている。また神戸一郎は、吟味役を罷めた。

このころは、安政の大獄、桜田門外の変等々ある不安定な時期で、しかも藩公は寺社奉行を拝命されたり、罷免されたりするなどしているとき、方谷は補佐に就いたりしていた時期だ。目まぐるしく多忙で心身ともに大変なときだったのだ。

しかし、守成を成すことを事前に準備し、ことばに出して意識的に跡を託せる後進に継がせようとしていることは、この時以降の無血開城や主家再興のときに、いかに臣が誠を以て活躍したかを観ればわかる。日頃の後姿で教えることと、意図的に育て登用し事上に錬磨させて育てることと、創業から守成への期待を誠を以て伝えることなどで成し得たものだと思う。学ぶこと多い。やはり「本」は、誠意である。それは絜矩の道であり、重要なことは、それが財用の取扱と人選に具体化することなのか。

藩公と方谷のツートップの生き方考え方のまとめとして

様々な藩政革新を遂げ、守成を成し遂げ、藩政革新において成果を上げ続けた生き方考え方は、『古本大學』の次の章句にまとめられるのかもしれない。

39章句

「君子に大道《たいどう》有り。必ず忠信《ちゅうしん》以て之を得、驕泰《きょうたい》以て之を失う。」

【組織を治める君子には大なる道筋、絜矩の道がある。この道を得るには、忠信つまり偽りのない誠を以てすることだ。そして驕りや怠慢の私心あれば失う、つまり戒慎恐懼の心なければ失うものだ。】

「本」の誠意から承けてこの「人の選用」の小段落（34から39章句）の終わりに、絜矩の道の中でも人の選用としてのまとめとしている。

また、財用の取扱のまとめとしては、

43章句

「国家に長として財用を務《つと》むる者は、必ず小人《しょうじん》に自《よ》る。彼之《かれこれ》を善《よ》くすると為《な》して、小人をして国家《こっか》を為《おさ》め使《し》むれば、災害並《さいがいなら》び至《いた》る。善者《ぜんしゃ》有《あ》りと雖《いえど》も、亦之《またこれ》を如何《いかん》ともする無《な》し。此《これ》を国は利《り》を以《もっ》て利と為《な》さず、義《ぎ》を以て利と為すと謂《い》うなり。」

【地方の国を治める長として財ばかりに目を向けた政事が行われるのは、それは小人によるものだ。小人とは意の誠でない人で、地位を求めるか権力を欲しがるか等私する処ある人で、事は立派で広大でも一身の欲に堕ちている人だ。君主がその小人を善として政を執らせると、天災人災が次々と起こってくる。こうなればたとえ善き君子の政治家がいても何とも手のつけようがない。このように、国は利を以て利と為すと災害が並び立つようになる。従って自分だけの欲によらず組織集団一人一人の全員のためになるように義を以て利と為すべきだ。】

まさに「財の内に屈せず財の外に立つ」組織経営の秘伝を古典は述べている。だからこそ、としている。

方谷は、佐藤一斎塾で佐久間象山と論争したとき、「経世の道は儒学で足る」と言い、それを『擬対策』『理財論』にまとめ、元締役兼吟味役、郡奉行、年寄役助勤を次々と拝命し、次々と藩公板倉勝静とともに藩政革新で成果を上げ続け中興の創業を成した。

更に、藩校及び家塾牛麓舎で人材を育て、及び人材を見抜き招き登用し任せ、外に立ち評価しながら独り立ちさせ守成をなしていった。

どう生きるか。

誠意を「本」として生きる。その誠意は内発動機となり続け、しかも合理的な総合的な綱紀を整え、政令を生む。そして、それは、誰もが何かでなっているリーダー・指導者の仁あるしかも合理的評価改善と情報公開による経営で皆の豊かで幸せな生活に通じる。

おわりに

『伝習録《でんしゅうろく》』（下《げ》・黄省曾所録《こうせいそうしょろく》・52）に次のような章句がある。

「一友《いちゆう》問う、書を読むも記《き》せず、如何《いかん》と。先生曰《いわ》く、只《た》だ暁《さとる》を要《もと》めよ。如何《いかん》ぞ記《き》するを要《もと》めん。暁《さとる》を要《もと》むることも、已《すで》に是《こ》れ第二義《だいにぎ》に落《お》つ。只《た》だ自家《じか》の本体《ほんたい》を明らかにすることを要《もと》めよ。」

【ある友人が、書物を読んでも記憶できないのはなぜでしょうと尋ねた。先生は、答えられた。理解し悟ることが大切で、記憶する必要はないよ。でもそれも第二義で根本ではないよ。それよりも、自分の本体、つまり自分自身の本来のもちまえや知識・経験に落とし込み自分のものとすることが大切だ。】

学ぶとは、断片的な知識や出来事を言葉のうえで記憶することではなく、よく理解し他の知識と関係づけて知る事に止まるだけでもなく、自分の体（もちまえ）に落とし込み修得していくことが大切だということ。つまり、言葉の上だけの知識ではなく、自分のもちまえとなっている経験や自分の意識考え方になっている知識、さらには本能・意欲に結び付けられた意識・考え方に落とし込み修得する事だ。更に言い換えると、読んだことや内容を、前向きにポジティブに捉えて、自分が自己決定したことに捉えなおして夢や志、目的意識、使命感に還元していくことだと思う。そうすると、実用学として身に付くと思う。学ぶことが楽しくなる。読むことにワクワクしたり、感激、感動したりして知らず知らず身に付いていくような気がする。

よく書を読まれ経学講座に参加される某先輩が、「最近周りに変わったなぁ、と言われる」、とおっしゃった。以前「読んでも覚えられない」と言われるのを何回も聞いていたが、しかし、その先輩の話される内容が変わっていっているのに周りの方が気づかれたのだ。これは、記憶することではなく、「自家の本体を明らかに」され、意識、考え方が変わっていかれている姿なのかな、と思った。見習い学んでいきたいと切に思うこの頃だ。

世にノウハウ本は溢れている。それを読みうわべを真似て実行してみても同じように成功しないことは多い。何が問題なのか。それは、どう生きるか考え、功成る「本」を探り、自分のもちまえに、「やってみたい」と思えることに捉えなおすことが大切ではなかろうか。

私自身がなかなかできない中で、他の人たちが力を協せ事態を変えたことがあったことを思い出す。

ながながと駄述してきましたが、もし、この内容にご興味をもたれたら、拙い文章ではありますが、方谷全集から引いた全原文と口語訳を記した別著『古本大學』(山田方谷述)もお読みいただくことをお勧めします。章句番号をこの書と符合するようにしていますので、照合しやすいかと思います。

最後に、この読みにくい稿に、ひしひしと魂入伝わる筆を入れていただいた神部直弥氏、和田啓介氏及び出版にあたりお世話いただいた佐久間保行氏、向井徹氏に衷心より深く感謝申し上げます。そして、この拙著に推薦の筆を寄せていただいたパナソニック株式会社社友(元第四代社長)谷井昭雄先生に心より深く感謝申し上げます。

併せて、今、共に学んでいる様々な職業、立場の皆さまにご縁を賜り多くの示唆、お導きをいただいていることに深く感謝し、筆を置きます。お導きよろしくお願いします。

主な引用及び参考文献等

『山田方谷全集』（全三冊）　（山田　準、山田方谷全集刊行會）
『山田方谷の詩』その全訳　（宮原信、明徳出版社）
『かな大學』　（伊與田覺、致知出版社）
『かな論語』　（伊與田覺、論語普及会）
『入門山田方谷』　（山田方谷に学ぶ会、明徳出版社）
『山田方谷とその門人』　（朝森要、日本文教出版）
『山田方谷ゼミナール』全七冊　（方谷研究会、吉備出版）
『備中聖人山田方谷』　（朝森要、山陽新聞社）
『備中松山藩の研究』　（朝森要、日本文教出版）
『山田方谷に学ぶ改革成功の鍵』　（野島透、明徳出版社）
『山田方谷から三島中州へ』　（松川健二、明徳出版社）
『炎の陽明学』　（矢吹邦彦　明徳出版社）
『大學味講』　（菅原兵治、東北振興研修所）

主な引用及び参考文献等

『大学・中庸』（矢羽野隆男、ＫＡＤＯＫＡＷＡ）
『大學中庸』新釈漢文大系（赤塚忠、明治書院）
『詩経』新釈漢文大系（上中下全三冊）（石川忠久　明治書院）
『小学』新釈漢文大系（宇野精一、明治書院）
『孟子』新釈漢文大系（内野熊一郎、明治書院）
『伝習録』新釈漢文大系（近藤康信、明治書院）
『真説「伝習録」入門』（林田明大、三五館）
『陽明学十講』（安岡正篤、二松学舎大学陽明学研究所）
『陽明学』創刊号山田方谷特集号（復刻版）（小林日出夫、二松学舎大学陽明学研究所）
『伝習録』（吉田公平、たちばな出版）
『易経』新釈漢文大系（上中下全三冊）（今井宇三郎他、明治書院）
『易』（本田濟、朝日新聞出版）
『易経講座』（ＣＤ）（竹村亞希子、致知出版）
『経書大講』第四巻五巻（小林一郎、平凡社）
『柳宗元』（下定雅弘、勉誠出版）
『大唐帝国』（宮崎市定、中央公論社）

『１３７億年の物語』（クリストファー・ロイド　野中香方子訳、文藝春秋）
『ある町の高い煙突』（映画の原作にもなる）（新田次郎、文芸春秋社）
『情動の科学的解明と教育等への応用に関する検討会　中間報告書』平成十七年十月（文科省）
『広島県ＰＴＡフォーラム佐々木正美先生講演』
『人を伸ばす力』（エドワード・Ｌ・デシ、リチャード・フラスト　桜井茂男訳、新潮社）
『ハーバードの人生が変わる東洋哲学』（マイケル・プュエット&クリスティーン・グロス＝ロー熊谷淳子訳　早川書房）
『現代アメリカにおける学力形成論の展開』（石井英真、東信堂）
『教育小六法』（学陽書房）
『小学校学習指導要領平成２０年３月告示』（文部科学省）
『論語易経伝習録大學中庸に生き方を学ぶ』（池田弘満、廣文館・南南社）
『広辞苑』第六版、第七版（新村出編、岩波書店）
『新漢語林』（鎌田正、米山寅太郎、大修館書店）

池田弘満（いけだひろみち）

昭和26年広島県生まれ。

元学校長・元論語普及会副会長。永年小学校教員として奉職。法規・法令に基づき、その学習指導要領に示された目標、内容の実現による子供達の今の幸せ、未来の幸せのため、他職員とともに、知的能力や道理、数学的な考え方、個に応じた指導等について実践研究し定年で退く。

一方、功成し感動した英俊雄傑の足跡を訪ね各地を訪れる。そして、それらの人物が学んだ経学の学びに広げ、現代のマネジメントや心理学、脳科学所見と重なる部分多きに驚き更に学ぶ。現在は、これまでを振り返り、偉人や古典の重みを多くの人々と共に味わいながら温故知新の感謝の日々である。

著書：『論語・易経・伝習録・孟子・大學・中庸に生き方を学ぶ』

ISBN978-4-89619-838-7

どう生きるか、
山田方谷の生き方と
『古本大學』に学ぶ

令和二年十月一日　初版印刷
令和二年十月十一日　初版発行

著者　池田弘満
発行者　佐久間保行
発行所　㈱明徳出版社
〒167-0052　東京都杉並区南荻窪一-二五-三
電話　〇三-三三三三-六二四七
振替　〇〇一九〇-七-五八六三四
印刷・製本　㈱明徳

山田方谷　関係書

山田方谷全集　全三冊
A五判上製函入二四二二頁
山田　準
六〇〇〇〇円

山田方谷の詩―その全訳
A五判上製函入一一八四頁
宮原　信
一五〇〇〇円

山田方谷の文―方谷遺文訳解
A五判上製六二二頁
濱　久雄
七五〇〇円

日本の思想家41 山田方谷・三島中洲
四六判カバー装二九四頁
山田　琢
石川梅次郎
二四二七円

山田方谷から三島中洲へ
A五判上製三六〇頁
松川健二
五〇〇〇円

山田方谷の陽明学と教育理念の展開
A五判上製五一〇頁
倉田和四生
八〇〇〇円

山田方谷の思想と藩政改革
A五判上製三一〇頁
樋口公啓
三〇〇〇円

哲人　山田方谷―その人と詩
新書判一八四頁
宮原　信
一〇〇〇円

山田方谷　関係書

炎の陽明学　山田方谷伝	A五判上製四四三頁	矢吹　邦彦	三三〇〇円
ケインズに先駆けた日本人	A五判上製三九三頁	矢吹　邦彦	二八〇〇円
入門　山田方谷 ― 至誠の人	A五判並製一七〇頁	山田方谷に学ぶ会	一二八〇円
『師門問弁録』を読む	A五判並製一八六頁	渡辺　道夫 網本　善光	一八〇〇円
夢を駆けぬけた飛龍　山田方谷	文庫判並製四三九頁	野島　透	八〇〇円
山田方谷ゆかりの群像	B六判上製二一四頁	野島　透 片山　純一	一八〇〇円
山田方谷の思想を巡って	B六判並製二九四頁	林田　明大	二五〇〇円
陽明学のすすめ Ⅲ	四六判上製二〇四頁	深澤　賢治	一八〇〇円

表示価格は税抜き（本体価格）です。